만해 한용운 초상. 금릉 김현철 金陵 金賢哲 **화백** 作
1919년(41세) 마포 형무소, 1929년(50세) 서대문 형무소에 수감 중 사진을 참고했다.

제자 : 효봉 여태명(원광대학교 서예문화예술학과 교수)

만해 한용운

고난의 칼날에 서라

일러두기

1. 이 책의 1장에서는 만해 스님의 일화를, 2장에서는 생애를, 3장에서는 만해 스님의 글을 기술했습니다.

2. 일화는 그동안 『한용운 전집』(신구문화사 간)에 수록된 내용을 중심으로 재구성했습니다.

3. 생애는 자료에 근거하여 가급적 연대순으로 기술했습니다.

4. 본문의 중요 어휘는 주를 달아 보충 설명했습니다.

5. 책 본문에 수록된 사진은 한양대 불교학생회 동문회와 만해기념관, 문화재청, 홍성군청, 백담사, Pixbay 등이 제공한 자료와 인터넷에서 내려 받은 자료를 사용했습니다.

6. 본문에서 출가하기 전의 만해는 속가 이름인 유천으로, 출가해서 법명을 받은 이후로는 만해로 표기했습니다.

7. 표기는 한글 전용으로 하되, 이해하기 어려운 한자는 작게 표기하여 이해를 돕도록 했습니다.

만해 한용운

고난의 칼날에 서라

한양대학교 불교학생회 동문회 편저

맘에 드림

미래의 만해에게

만해 한용운(1879~1944) 스님이 나라의 스승이요, 민족의 지도자임은 이 땅에 태어난 사람이라면 그 누구도 부정할 수 없다. 그의 나라사랑과 겨레 위함이 우뚝하기 때문이다.

만해가 위대하다면, 위대하다고만 말하지 말라.

그 위대함이 너에게 육화肉化되어 너 자신이 현재의 만해로 태어나야 할 것이다. 그것이 진정 만해를 보는 눈이요, 만해를 살리는 길일 것이다.

만해를 연구하고 관심 가진 사람들이 많으나, 그들 중에는 만해다운 사람의 모습이 전혀 보이지 않는 자도 더러 있다.

어리석은 자여.

만해에 편승한 사욕의 깃대를 내려 놓으라.

님의 시대엔 비록 나라는 빼앗겼으나, 혼은 살아있어 나라를 찾을 수 있었는데, 우리의 시대엔 나라는 있으나 정신이 멍들고 문드러져 헤매고 있다.

님의 시대엔 왜놈에게 나라를 빼앗기더니, 우리시대엔 재물에 영혼을 빼앗겨 버렸다.

님의 시대엔 나를 뒤로 미루고 나라와 국민을 먼저 생각하더니, 우리 시대엔 국민과 나라를 뒤로 제치고 나만을 앞세우는 꼴이 되어 버렸다.

모두가 다시 되찾아야 할 가치들이다.

3·1절 100주년을 맞으며 하루속히 '미래의 만해'가 나와야 한다. 나와서, 찢겨진 강토를 꿰매고 갈라진 국민정신을 하나로 묶어, 빼앗긴 영혼을 되찾음이 절실한 때가 되었다.

이러한 뜻을 가진 삼락 이근창三樂 李根昌 등 몇 사람이 뭉쳐『만해 한용운─고난의 칼날에 서라』를 펴내게 되었다.

혹시 마음 맑은 이 있어 이 책을 접한다면, 글만 보지 말고, 뜻을 살펴 당신이 오늘의 만해이기를 바란다.

동국대학교 명예교수

운곡 서 윤 길 합장

아름다운 회향

3·1운동 100주년에 즈음하여 한양대학교 불교학생회 동문회에서 만해 스님을 기리는 『만해 한용운-고난의 칼날에 서라』를 간행하게 된 것을 매우 기쁘게 생각합니다. 특히 1970년 대 초반 대불련 활동을 하면서 만해 스님을 선양하기 위해 「만해 한용운 전집」 보급 활동에 매진했던 한 사람으로서 그 감회가 더욱 새롭습니다.

이 책은 일제강점기라는 암울한 시기에 민족의 자주독립과 불교의 나아갈 길을 모색하기 위해 누구보다 치열하게, 그리고 당당하게 살았던 만해 스님의 삶을 돌아보며 그가 그토록 원했던 독립된 조국의 미래와 한국 불교의 나아갈 길을 다시 한 번 생각하게 합니다. 이 책에서는 스님의 일화와 생애를 1장과 2장으로 나누어 정리하고 있습니다.

일화는 한 사람의 생활 속에서 자연스럽게 탄생한 짧막한 이야기입니다. 그렇지만 한 사람의 인생관이나 가치관, 삶의 지향을 이해하는 데 일화만큼 중요한 것은 없습니다. 생각을 말과 행동으로 보여주고 있기 때문입니다. 비록 짧막한 이야기이지만 추구한 삶의 자세와 진실을 담고 있기 때문에 공감과 감동을 주고 스스로 성찰할 수 있는 계기도 만들어

줍니다. 수록된 67편의 일화들을 통하여 만해 스님의 생생한 모습을 다시 만나게 될 수 있을 것입니다.

또한 생애 기술은 살아 온 과정의 압축이라고 할 수 있습니다. 삶의 과정에서 가장 중요하게 생각한 것, 자신이 옳다고 생각되는 신념을 흔들림 없이 지켜가는 굳은 의지, 어떠한 난관과 압력에도 굴하지 않는 철저한 절의정신, 아마도 이러한 정신작용이 인물을 평가하는 하나의 기준이 될 것입니다. 스님의 일대기 속에서 그것을 확인할 수 있기에 지금 이 시대에 만해 스님이 더욱 그리워지는 이유가 될 것입니다.

그간 만해 스님과 관련된 책은 수없이 간행되었지만 이 책은 몇 가지 점에서 특별한 의미를 지닌다고 하겠습니다. 첫째는 대학의 불교학생회 동문회가 주관이 되어 간행한다는 점입니다. 한양대학교 불교학생회 동문회는 대학에서 신행활동을 함께 했던 인연에 그치지 않고 지속적인 인연을 이어옴은 물론, 후배들의 활동지원에도 열과 성을 다하고 있습니다. 그런 활동의 일환으로 만해 스님을 기리는 기념도서를 간행한다는 일은 더욱 희유하고 뜻깊은 일로 타의 귀감이 된다고 하겠습니다.

둘째는 3·1운동 100주년을 맞는 시점에 맞춰 이 책을 간행한다는 점입니다. 그동안 한양대 불교동문회에서는 매년 삼일절마다 망우리 만해 스님의 묘소를 참배하고, 스님의 정신을 되새겨 왔습니다. 그리고 그 활동에서 한걸음 더 나아가 이 책을 발간하여 보급하게 된 것은 대불련인들의 지표와도 같은 만해 스님의 정신을 모든 대불련인들과 함께 나누려 한다는 점에서 참다운 법보시이자 보살행의 실천이라고 하겠습니다.

셋째는 아름다운 회향의 의미를 담고 있다는 것입니다. 각박한 현대인들의 생활 속에서 주위를 돌아보는 것은 쉽지 않은 일입니다. 그런데 불교를 인연으로 만난 한양대불교 동문들이 그간 받아왔던 고마움을 만해 스님을 되새기는 도서 간행, 보급으로 회향하고 있는 것은 참으로 더욱 빛나고 아름다운 회향이라고 할 수 있습니다.

만해 스님은 일찍이 젊은이들에게 '고난의 칼날에 서라'고 말씀하셨습니다. 칼날 같은 고난을 극복해가는 과정이 젊은 지식인의 특권이자 의무이며, 그 속에서 삶의 보람과 가치를 찾으라는 것입니다. 이 책이 스님의 이런 불굴의 정신과 사상을 독자에게 충분히 전달할 수 있을 것이라 믿어 의심치 않습니다.

만해 스님은 언제나 고난의 칼날 위에 서기를 마다하지 않았던 영원한 청년이며, 언제나 고뇌하기를 멈추지 않았던 시대의 지식인입니다. 스님의 그 불굴의 정신과 사상은 지난 52년간 대불련인들이 쉼 없이 추구했던 상구보리 하화중생의 지표이자, 지금도 우리 대불련총동문회가 지속적으로 추진하고 있는 '젊은불자 육성사업'의 이정표가 될 것입니다.

끝으로 어려운 가운데서도 책이 발행될 수 있도록 적극적으로 후원하고 지원한 이근창 법우와 한양대불교 동문회 여러분께 감사의 말씀을 전합니다. 3·1운동 100주년을 맞는 뜻깊은 해를 맞아 이 책을 통해 만해 스님의 사상과 정신을 다시 한 번 선양하는 계기가 되기를 바라마지 않습니다.

감사합니다.

불기 2563년. 2.
한국대학생불교연합회총동문회장
사단법인 대불 이사장
백 효 흠 합장

책머리에

"그대는 앞으로도 독립운동을 할 것인가?"

"그렇소. 언제 어디서든 계속해 나갈 것이오. 독립은 반드시 이룩될 것이오."

"만세운동으로 처벌될 줄 알았는가?"

"내 나라를 세우는 데 힘을 다한 것이니, 벌을 받을 리 없을 것이오."

"그래서, 피고는 이후에도 독립운동을 해나가겠다는 말인가?"

"그렇소. 언제든지 그 마음을 고치지 않을 것이오. 만일 몸이 없어진다면 정신만이라도 영세토록 가지고 있을 것이오."

망설임 없는 답변에 고압적인 일제 총독부의 재판관은 움찔했습니다. 만해의 맑고도 힘찬 목소리는 법정 방청석 대중의 가슴속으로 파고들었습니다. 팽팽한 긴장이 흐르는 재판정에서 만해는 독립선언서에 직접 써넣은 공약삼장을 떠올렸습니다.

1. 금일 오인의 차거는 정의, 인도, 생존, 존영尊榮을 위하는 민족적 요구이니 오직 자유적 정신을 발휘할 것이요, 결코 배타적 감정으로 일주하지 말라.

1. 최후의 일인까지, 최후의 일각까지 민족의 정당한 의사를 쾌히 발표하라.

1. 일체의 행동은 가장 질서를 존중하여 오인의 주장과 태도로 하여금 어디까지든지 광명정대하게 하라.

거리낌도 없고, 두려움도 없는 만해는 목숨이 붙어 있는 한 독립운동을 멈추지 않겠다고 다짐했습니다. 3·1 운동 당일 태화관에서 주도한 만세삼창이 떠올랐습니다.

"대한 독립 만세!"

"대한 독립 만세!"

"대한 독립 만세!"

"자! 우리가 독립을 선언했으니 이제 여기서 죽는다 해도 여한이 없소. 여러분! 목숨이 붙어 있는 그 날까지 이 사업을 계속해 나가야 합니다."

민족 대표들 앞에 우뚝 서 죽음을 각오하고 토해낸 '대한 독립 만세!'는 참으로 통쾌한 일이었습니다. 3·1 독립 만세 운동은 순식간에 삼천리 방방곡곡으로 들불처럼 번져갔습니다. 일제 경찰에 붙잡혀 악명 높은 서대문 형무소에 갇히는 순간에도 만해는 눈 하나 깜짝하지 않았습니다. 오히려 주변 사람들을 돌아보며 힘주어 말했습니다.

"내가 갇혀 있는 동안 변호사를 대지 마시오, 사식을 넣지 말 것이며, 어떠한 경우에도 보석 신청을 하지 마시오."

일제는 궁핍하게 사는 그를 회유하기 위해 온갖 공작을 벌였지만 한 번도 마음 흔들리지 않았습니다. 총독부가 보낸 거라며 돈 보따리를 들고 찾아온 청년에게 "젊은 놈이 이 따위 시시한 심부름이나 하고 다녀!"라며 뺨을 후려치고, 식민 수탈의 앞잡이 식산은행 직원이 성북동의 국유지 땅 20만 평을 주겠다며 도장만 찍어 달라고 유혹했지만 "난 그런 거 모른다!"며 돌아앉아 눈길 한번 주지 않았습니다.

만해는 옥고를 치른 3년만이 아니라, 60여 평생을 변치 않는 신념으로 자신을 지켰습니다. 변절한 무리에게는 단 한 번의 눈길도 주지 않고 냉정했습니다. 독립운동 동지였던 최린이 집으로 찾아왔지만, 부인에게 "없다고 하시오. 꼴도 보기 싫으니….' 라며 문도 열지 않고 쫓아 버렸고, 독립선언서를 작성했던 최남선이 길에서 아는 체 하자 "내가 아는 최남선은 벌써 죽어 장사지내 보냈소.' 라며 철저히 외면했습니다. 학병 출정을 독려하는 글을 청탁하러 찾아온 총독부 기관지 기자의 카메라를 빼앗아 담장 너머 던져 버릴 정도로 분노한 마음도 숨기지 않았습니다.

하지만 일제의 지배에서 벗어나지 못하는 조국은 그에게 숨쉬기조차 힘든 거대한 감옥이었습니다. '내 나라 땅덩어리가 감옥인데 어찌 불 땐 방에 편안히 기거한단 말인가?' 이런 독백을 내뱉으며 자신을 책망하듯 평생 차디찬 냉방에서 지냈습니다. 한겨울밤의 냉기가 날카롭게 밀려올수록 식민지 조국을 독립시키겠다는 의지는 더욱더 굳건해졌습니다.

만해는 자유의 몸으로 찾아 올 님을 믿었고, 마지막 순간까지 어둠을 밝힌 한 자루의 촛불이 됐습니다. 초가 타들어 가며 흘린 뜨거운 눈물은 시가 되었습니다. 불멸의 시를 남긴 그는 마침내 꺼지지 않는 위대한 불꽃이 됐습니다.

조국 해방을 불과 1년여 남겨 놓고 만해는 삼각산이 올려다보이는 심우장에서 고요히 서천으로 먼 길을 떠났습니다. 평소 만해를 경모하며 따랐던 지기지우와 후배, 제자들이 미아리 화장장에서 다비를 받들었습니다. 만해의 육신은 한 줌 잿더미로 변했습니다. 잿더미 속에 치아가 온전한 채로 맑게 빛났습니다. 경이로운 사리 앞에 대중은 경건하게 합장했고, 법력 높았던 스승의 열반 길에 거듭 눈물 적셨습니다. 치아 사리는 망우리 유택에 모셔졌습니다.

　　3·1 독립운동 백주년!
　　칼날 같은 고난의 길을 홀로 걸으며 겨레의 큰 별이 된 님의 묘소에 엄숙하게 참배합니다.

불기 2563년. 3. 1.

봉원 서 쌍 교 합장

萬海.韓龍雲
(1879. 8. 29~1944. 6. 29)

아아 님은 갔지마는
나는 님을
보내지 아니하였습니다.
님의 침묵

충남 홍성군 만해 생가지에 조성된 만해 동상

차례

미래의 만해에게 | 서윤길

아름다운 회향 | 백효흠

책머리에 | 서쌍교

1장 | 곧은 정신, 만해 일화逸話

성곡리의 신동   023

함께 독립만세를 부릅시다   036

신이여, 자유를 받아라!   042

펜촉이 부러지다   047

곰과 사자   051

육당은 죽었소   061

창자까지 함락 되겠군   064

2장 | 만해 생애生涯

성곡리의 천재 소년 '유천'   097

고뇌의 시기, 고향을 등지다   102

연곡 스님을 은사로 모시다   105

영환지략, 새로운 세계를 만나다   106

해삼위에서 당한 뜻밖의 '봉변'   107

일본에서 신식 문물을 접하다   111

국운은 풍전등화에 내몰리고   113

죽다가 살아난 만주에서의 여정   115

친일어용 불교단체를 분쇄하다   119

불교개혁 선언, 『조선불교유신론』   123

또 하나의 걸작, 『불교대전』   126

『채근담』을 편찬하다   128

오세암에서 깨달음을 얻다   129

「유심」을 창간하다 132

급변하는 세계정세, 독립운동을 준비하다 136

공약삼장을 추가하다 139

3·1 독립운동을 이끌다 144

3·1 독립만세 운동의 경과 147

옥중의 기개, 진정한 민족 지도자 149

「조선독립의 서」를 집필하다 158

역경에도 물러섬이 없다 161

님의 침묵, 민족 문학의 지표가 되다 163

철창철학, 오직 한 길로 172

심우장에서 살다 175

육신은 한 줌의 재로 돌아가고·· 177

3장 | 가슴으로 읽는 만해의 글

조선독립의 서 189

불교의 유신은 파괴로부터 207

포교 210

여성의 자각이 인류해방요소 218

조선청년과 수양 221

사회명사의 신년소감 : 소작농민의 각오 228

가갸날에 대하여 231

부록

만해 한용운 연보 238

만해 스님을 만나는 길 | 이창경 252

1장

곧은 정신, 만해 일화 逸話

만해는 격분해 감방 안에 있던 오물통을 집어 들어
그들에게 뿌렸습니다. "이 비겁한 인간들아!
울기는 왜 울어! 나라 잃고 죽는 것이 무엇이 슬프냐?
이것이 소위 독립선언서에 서명했다는 민족 대표의
모습이냐? 그따위 추태를 부리려거든 당장에 취소해
버려라!" 라고 호통을 쳤습니다.

修養 讀 本

第二課 苦難의 칼날에 서라

세상사람이 쉬움고 성공할일이면 하려하고 성공할가망이 적은일이면 피하려는경향이 잇스니 그것은 불가한일이다 어떠한일을볼때에 쉬움고 어려운것이나 성공하고 실패할것을 먼저 저본다는니보다 그일이 올흔일인가 그른일인가 볼것이다 아모리 성공할일이라도 그일이 근본적으로 올치못한일이라하면 일시성공을하엿을지라도 그것은 결국파탄이생기고 마는법이다 그럼으로 하늘과쌍에 돌아보아 조금도붓그럿지안을 오른일이라하면 용감하게 그일을하여라 그길이가시밧이라도 참고 가거라 그일이 칼날에 올라서는 일이라도 피하지말어라가시밧을것고 칼날우에서는데서 정의를위하야자긔가 싸온다는 서정의의 칼날을 어들것이다 그럼으로 나는 지금 다난한 조선에잇어 룡쾌한늣김을 어들것이다 말하고십다 무슨 일이든지 성공이나 실패보다 올코그른것을 먼저 분변할줄 알아야한다。(韓龍雲)

〈수양독본〉 제2과 '고난의 칼날에 서라'(「실생활」 3권 11호, 1932)

일화 01

성곡리의 신동

유천(만해)은 어릴 때부터 기억력과 이해력이 남달리 뛰어나 어른들을
놀라게 했습니다. 마을 사람들은 그를 신동이라 불렀습니다. 유천의 집
은 동네에서 신동의 집으로 통했습니다. 어느 날 유천이 서당에서『대학』
을 읽으면서 책 군데군데 시커멓게 먹칠을 하고 있었습니다. 이상하게
생각한 훈장이 그 까닭을 물었습니다. "정자程子의 주가 마음에 들지 않
기 때문입니다." 라고 대답했습니다. 이미 아홉 살 때『서전書傳』을 읽고
기삼백주朞三百註를 스스로 해독해 통달했다고 하는 천재였지만, 훈장은
또 한 번 놀랄 수밖에 없었습니다.

정자 程子   중국 송나라의 정명도(程明道, 1032~1085)와 정이천(程伊川, 1033~
1107) 두 형제를 말하며 이정자二程子라고도 불린다. 유교 철학자로 둘 다 주렴

계周濂溪에게 배우고, 이理를 최고위 범주로 삼아 도학道學을 체계화하고 발전시킨 인물로 평가 받는다.

서전 書傳 중국 송나라 때 주희의 제자 채침蔡沈이 『서경』에 주해를 달아 편찬한 책이다.

기삼백주 朞三百註 조선 선조 때 이덕홍이 『서경』의 기삼백에 대한 채침의 주를 토대로 음양오행과 윤년의 이론, 월月의 대소 등을 논한 천문역서다. 기삼백은 『서경』 「요전」에 나오는 '기삼백육순유육일朞三百六旬有六日'의 앞 글자로 기朞는 돌, 주기 등의 뜻이다.

일화 02
비녀는 소용없다

만해는 1912년을 전후하여 장단長湍의 화장사華藏寺에서 「여자단발론女子斷髮論」을 썼습니다. 당시 남자들에 대한 단발령이 사회적으로 큰 반발과 논란을 불러일으키고 있을 때 감히 여자의 단발을 부르짖은 것은 놀랄만한 사건이었습니다. 여기에서 만해의 선각자적인 일면을 잘 읽을 수 있습니다. 그러나 안타깝게도 이 원고는 지금 전해오지 않아서 그 자세한 내용은 알 길이 없습니다. 그 무렵 만해는 "앞으로 20년쯤 후에는 비녀가 소용없게 된다." 라고 예상하였습니다. 또 간혹 좋은 금비녀를 꽂고 있는 부인을 보면 "앞으로 저런 것은 소용없게 될 텐데…," 라고 말하곤 했습니다.

실제로 1920년에 들어서 가부장제의 억압으로부터 여성을 해방해야 한다는 목소리가 나오고 조선 최초로 여성 단발이 출현했습니다. 최초의 단발 여성은 기생 강향란으로 알려져 있습니다. 1920년대 말에는 모던걸이라 불리던 신여성들 중심으로 여성 단발이 유행했으며, 1930년대 중후반부터 단발이 통상적인 여성들의 헤어스타일로 정착돼 갔습니다.

화장사 華藏寺 경기도 장단군 진서면 대원리현 개성직할시 용흥동 보봉산에 있는 절이다. 대웅전 명부전 나한전의 전각이 있고, 화장사 사리탑은 북한의 보물급 제34호로 지정돼 있다. 1983년 이전에 복구된 것으로 알려져 있다.

단발령 斷髮令 1895년 고종 32년에 전국 백성들에게 머리를 깎게 한 명령. 을미사변 이후 김홍집 내각金弘集 內閣이 내정 개혁에 주력하면서 조선 개국 504년 11월 15일 건양원년 1월 1일을 기하여 양력을 채용하는 동시에 전국에 단발령을 내렸다. 일본의 강요로 고종이 먼저 서양식으로 머리를 깎았고, 내부대신 유길준은 고시를 내려 관리들이 가위를 들고 거리나 성문에서 강제로 백성의 머리를 깎게 했다. 선비들은 '손발을 자를지언정 머리카락은 자를 수 없다'며 강력하게 반발했다. 일본이 배후 조종하는 것으로 여겨 전국에서 단발령을 반대하는 의병이 일어나기도 했다.

일화 03
어서 덤벼 봐라

만해가 강원도 고성의 건봉사乾鳳寺에 있을 때였습니다. 어느 날 길을 가다가 술에 취한 그 지역의 부자를 만났습니다. 그 부자는 "이놈! 중놈이 감히 인사도 안 하고 가느냐?"며 만해를 가로막고 시비를 걸었습니다. 만해가 가던 길을 재촉하자 그 부자는 뒤따라와서 덤벼들었습니다. 만해가 못이기는 척하며 슬쩍 밀었더니 그는 뒤로 나둥그러져 엉덩방아를 찧고 말았습니다. 만해가 절에 돌아 온지 얼마 후 수 십 명의 청년들이 몰려와 욕을 하고 고함을 지르며 소란을 피웠습니다. 화가 난 만해는 장삼을 걷어붙이고 "이놈들! 어서 덤벼 봐라. 못된 버릇을 고쳐 주겠다."며 힘으로 대결했습니다. 절에서 치고받고 하며 한바탕 싸움이 벌어졌습니다. 자그마한 체구였지만 타고난 근력이 강했던 만해를 당하는 사람이 없어 하나둘씩 모두 꽁무니를 뺐습니다. 강석주 스님은 선학원禪學院 시절의 만해를 이렇게 회고했습니다. "선생은 기운이 참 좋으셨습니다. 소두小斗 말을 놓고 가부좌를 한 채 그 위를 뛰어넘을 정도였으니까요. 팔씨름하면 젊은 사람도 당해내지 못했지요."

만해는 심우장尋牛莊에서 종종 선학원을 찾아 갔는데 혜화동을 거치는 평지 길을 택하지 않고 삼청동 뒷산을 넘어 다녔습니다. 그때 만해를 따라 다녔던 석주 스님은 이렇게 생각했습니다. "삼청동 뒷산을 넘을 때 선생은 어찌나 기운이 좋고 걸음이 빠른지 새파란 청년이었던 제가 혼이 났지요. 그저 기운이 펄펄 넘쳤어요. 선생은 보통 걸음으로 가시는데, 저는 뛰다시피 해도 따라가지를 못했어요."

또 조명기 박사는 이렇게 기억합니다. "만해 선생은 힘이 셀뿐만 아

건봉사 강원도 고성군 금강산 초입의 유서 깊은 절. 만해는 1907년 이곳에서 첫 수선안거를 성취했다.

니라 차력을 하신다는 이야기가 전하고 있지요. 왜경이 뒤쫓을 때 어느 담 모퉁이까지 가서는 어느 틈에 한 길도 더 되는 담을 훌쩍 뛰어넘어 뒤 쫓던 왜경을 당황케 했다는 말이 있어요. 그리고 커다란 황소가 뿔을 마주 대고 싸울 때 맨손으로 달려들어 두 소를 떼어 놨다는 전설 같은 이야기도 있지요." 아무튼 만해는 남다른 역사이기도 했습니다.

건봉사 乾鳳寺 강원도 고성군 거진읍 냉천리 금강산 초입에 있는 유서 깊은 절이다. 6·25전까지는 31본산의 하나였으나 현재는 대한불교조계종 제3교구 본사인 신흥사 말사로 등록돼 있다. 520년 법흥왕 7년 아도가 창건했으며, 옛날

부터 1만일 염불기도처로 유명하다. 대웅전 뒤로 산길을 따라 1km쯤 가면 만일기도를 마친 사람들이 승천했다는 전설을 간직한 등공대가 있다.

강석주 스님 본명은 강계중 1909.3.4.~2004.11.14., 경북 안동 출신. 조계종 총무원장을 지냈다. 일생동안 불교 개혁을 위한 불교정화운동에 힘을 쏟았으며 특히 어린이와 청소년 포교에 많은 관심을 기울였다.

일화 04
마취하지 않은 채 받은 수술

만해가 만주 땅 간도間島에 갔을 때의 일입니다. 굴라재 고개를 넘다가 몇 명의 괴한이 쏜 총탄을 목에 맞고 쓰러졌습니다. 피를 너무 많이 흘려 혼수상태에 빠졌습니다. 그때 관세음보살이 나타났습니다. 하얀 옷을 입고 꽃을 든 아름답기 그지없는 미인의 모습인데, 미소를 지은 채로 "생명이 경각인데 어찌 그대로 가만히 있느냐?" 며 만해에게 꽃을 주면서 깨어나도록 재촉했습니다. 그 소리에 정신을 차린 만해는 중국 사람의 마을로 찾아가 우선 응급 치료를 받았습니다. 그리고 곧바로 조선 사람들이 사는 마을의 병원으로 옮겨져 수술을 받게 됐습니다. 이 때 의사는 큰 상처여서 매우 아플 테니 먼저 마취를 하고 수술하자고 했습니다. 하지만 만해는 끝내 마취를 하지 않고 수술을 받았습니다. 빠각빠각 뼈를 긁어내는 소리가 들렸습니다. 보통 사람은 상상하기 힘들 정도로 아플 텐데도, 만해는 수술이 끝날 때까지 견뎌냈습니다. 의사는 "그는 인간이 아니고 활불活佛이다." 라고 감탄하며 치료비도 받지 않았다고 전해옵니다.

일화 05
네 군수지, 내 군수냐?

만해가 백담사에서 참선에 깊이 잠겨 있을 때 군수가 이곳에 찾아왔습니다. 절에 있는 사람들이 모두 나와 군수를 영접했으나, 선생만은 꼼짝 않고 앉아 있을 뿐 내다보지도 않았습니다. 군수는 매우 괘씸하게 생각했습니다. "저기 혼자 앉아 있는 놈은 도대체 뭐기에 저렇게 거만한가!" 라며 욕설을 퍼부었습니다.

만해는 이 말을 듣자마자 "왜 욕을 하느냐?" 며 대꾸했습니다. 군수는 더 화가 나서 "뭐라고 이놈! 넌 도대체 누구냐?" 하고 소리쳤습니다. 그러자 만해는 "난 한용운이다." 하고 대답했습니다. 군수는 더욱 핏대를 올리며 "한용운은 군수를 모르는가?" 라고 말하자, 만해는 더 큰 소리로 "군수는 네 군수지, 내 군수가 아니다." 라고 외쳤습니다. 기지 넘치면서도 위엄 있는 말은 군수도 찍소리 못하게 했습니다.

일화 06
승려 대처론의 변

『불교유신론佛敎維新論』을 발표했을 때 이 가운데 들어 있는 승려 취처론僧侶聚妻論에 대한 시비가 벌어졌습니다. 이 때 만해는 이렇게 말했습니다. "이것은 당면 문제보다도 30년 이후를 예견한 주장이다. 앞으로 인류는 발전하고 세계는 변천하여 많은 종교가 혁신될 텐데 우리의 불교가 구태의연하면 그 서열에서 뒤질 것이다. 그리고 지금처럼 금지하고 규제할수록 승려의 파괴와 범죄는 속출하여 도리어 기강이 문란해질 것이 아닌가? 후세 사람들은 나의 말을 옳다고 할 것이라 믿는다. 그런데 한 나라로서 제대로 행세를 하려면 적어도 인구는 1억 명쯤은 되어야 한다. 인구가많을수록 먹고 사는 방도가 생기는 법이다. 우리 인구가 일본보다 적은 것도 수모를 받는 이유 중의 하나이니 우리 민족은 장래에 1억의 인구를 가져야 한다." 인구절벽으로 고민하는 현재 우리나라 상황에서도 곱씹어봐야 할 탁견입니다.

일화 07
월남 이상재와의 결별

3·1 운동을 준비할 때, 만해는 독립운동을 조직화하기 위해서는 민중의 호응을 가장 널리 불러일으킬 수 있는 종교 단체와 손을 잡는 것이 가장

효과적일 것이라 생각했습니다. 그래서 경성 기독교 측의 월남 이상재를 만나서 대사를 의논했습니다. 이 자리에서 월남은 "독립선언을 하지 말고 일본 정부에 독립청원서獨立請願書를 제출하고 무저항운동을 전개하는 것이 유리하오." 라며 반대의견을 내 놨습니다.

그러나 만해는 "조선의 독립은 제국주의에 대한 민족주의요, 침략주의에 대한 약소민족의 해방투쟁인 만큼 청원에 의한 타력본위他力本位가 아니라 민족 스스로의 결사적인 행동으로 나가지 않으면 불가능합니다." 라고 주장했습니다.

이같이 서로 의견이 맞지 않아 만해는 월남과 정면충돌하였기 때문에 월남을 지지하는 많은 경성의 기독교 인사들이 선생의 의견에 호응하지 않았습니다. 그래서 만해는 "월남이 가담했더라면 3·1운동에 호응해 서명하는 인사가 더 많았겠지만…, 죽음을 초월한 용맹이 극히 귀하다." 고 한탄했습니다. 독립선언서에 서명하는 인사가 2백 명을 넘을 것이라던 예측이 그만 무너지고 말았습니다.

일화 08
죽기 참 힘든 게로군

만해는 3·1 운동의 준비 공작을 서두르는 동안 여러 인사를 만났습니다. 구 황족이나 고관대작 출신으로 박영효朴泳孝, 한규설韓圭卨, 윤용구尹

用求 등이 그들입니다. 그러나 대개는 회피하고 적극적인 언질을 피했습니다. 서울의 소위 양반, 귀족들은 모두가 개인주의자요, 국가와 민족을 도외시한다고 한탄하며 "죽기 참 힘든 게로군!" 이라며 쓸쓸해했습니다.

일화 09
당신을 그대로 둘 수 없다

만해는 최린崔麟의 소개로 천도교 교주인 의암 손병희孫秉熙선생을 만나게 되었습니다. 이때 의암은 조선 갑부 민영휘閔泳徽, 백인기白寅基는 물론 고종 못지않은 호화로운 생활을 하고 있었고, 조선인으로서는 제일 먼저 자동차까지 가지고 있었습니다. 만해가 3·1 운동에 천도교 측이 호응해 주기를 요구했더니 먼저 '이상재는 승낙했냐'고 물었습니다. 만해는 "손 선생께선 이상재 선생의 뜻으로만 움직입니까? 그러면 이상재가 반대하니 선생도 그를 따르렵니까? 그러나 이미 대사(大事:독립운동)가 모의 되었으니 만일 호응하지 않으면 내가 살아 있는 한, 당신을 그대로 둘 수는 없습니다." 하고 힘의 행사도 불사하겠다는 강경한 말을 했습니다. 이 말에 어지간히 놀란 의암은 자신을 총대표로 내세우는 조건으로 서명을 승낙했습니다. 의암의 승낙으로 천도교의 여러 인사는 의암을 그대로 따르게 됐습니다.

일화 10

가짜 권총

3·1 운동 준비로 동분서주하던 만해는 당대의 부자 민영휘를 찾아 갔습니다. 그에게 독립운동에 협조해 달라고 요구했으나 거절하므로 권총을 드리댔습니다. 민영휘는 새파랗게 질려 벌벌 떨면서 돕겠노라고 맹세했습니다. 이때 만해는 힘껏 쥐고 있던 그 권총을 민영휘 앞에 내려 놨습니다. 이 권총은 장난감이었습니다. 탐정소설에나 나올 것 같은 흥미 있는 이야기지만 만해의 이런 수단은 오직 독립만을 생각하는 나머지 취해진 비장한 행동이었습니다. 민영휘는 맹세한 터라 "비밀리에 모든 협조를 하겠소, 그에 필요한 비용도 주겠소. 그러나 이후부터는 다시는 나를 찾지 말고 내 아들 형식衡植과 상의하여 일을 추진시켜 주기 바라오. 부디 성공을 비오."라고 간곡하게 말했습니다.

이 일이 있고 난 뒤 민영휘의 아들 민형식은 만해의 절친한 친구가 되어 물심양면으로 독립운동을 도왔고, 만해가 입적했을 땐 불편한 몸을 이끌고 와서 깊이 애도했습니다.

민영휘 閔泳徽 1852~1935. 고위 관료, 정치가, 친일 반민족행위자.

곽종석과 만해

만해는 3·1 운동을 계획하면서 독립선언 서명자 가운데에 유림 출신의
인사가 한 명도 끼어 있지 않은 것을 매우 안타깝게 생각했습니다. 서울
에는 유림 지도자들이 있지만 거의 친일에 기울어져서 경남 거창에 사는
대유학자 면우俛宇 곽종석郭種錫을 찾아갔습니다. 만해는 면우에게 먼저
세계 정세를 알리고 독립운동의 참가 여부를 물으니 즉석에서 기꺼이 협
조할 것을 약속하고, 곧 '가사家事를 정리한 뒤에 서울에 올라가 서명하
겠노라'고 답했습니다.

그러나 면우는 공교롭게도 독립선언일을 며칠 앞두고 급환으로 자리
에 눕게 됐습니다. 그래서 아들에게 자기 인장을 갖고 만해를 찾아가도
록 했습니다. 아들은 독립선언일 이틀 전에 서울에 올라와 만해를 만나
려고 했으나 찾지 못하고, 독립선언이 끝나는 날에야 비로소 잠깐 만날
수 있었습니다. 사후 서명이라도 하려고 했으나 초긴장 분위기에서 그
뜻을 끝내 이루지 못하고 말았습니다. 독립선언에서 면우의 인장이 찍히
지 않았지만 실질적인 서명자는 33인이 아니라 34인이라 해도 크게 틀
린 말은 아닐 것입니다.

그런데 3·1운동 주동자로 붙들려간 만해는 공판신문에서 유림의 석
학 면우를 만나기 위하여 거창으로 갔으나 형사들이 미행하는 바람에 할
수 없이 중단하고 되돌아왔다고 거짓으로 진술했습니다. 이것은 면우와

3월 1일 태화관에 모인 민족대표 민족대표 29명은 1919년 3월 1일 오후 2시, 태화관에 모여 독립선언식을
갖고 만해 주도로 독립만세를 불렀다.

그 아들의 신변을 보호하기 위해서였습니다.

> 곽종석 郭種錫 1846~1919, 조선말기 유학자. 호는 면우俛宇, 경상남도 산청
> 군 단성 출신이다. 1905년 을사늑약이 체결되자 조약의 폐기와 조약 체결에
> 참여한 매국노를 처형하라고 상소했다. 1919년 3·1 독립운동 당시 전국 유림
> 들의 궐기를 호소하고, 파리 만국평화회의에 독립호소문을 보내고 옥고를 치
> 렀다. 1963년 건국훈장 독립장이 추서됐다.

일화 12

함께 독립만세를 부릅시다

기미년 3월 1일, 민족 대표 33인 가운데 김병조, 길선주, 유대서, 정춘수 네 사람을 제외한 29명이 태화관에 모여서 독립을 선언하게 됐습니다. 그러나 일제의 감시가 심하여 독립선언서를 처음부터 낭독할 겨를이 없었습니다. 부득이 선언서를 낭독하는 대신 선언식을 하고 축배를 들게 됐습니다. 최린의 권고로 만해가 민족대표 33인을 대표하여 독립선언 연설을 하였습니다.

"여러분! 지금 우리는 민족을 대표해서 한자리에 모여 독립을 선언했습니다. 기쁘기 한이 없습니다. 이제는 죽어도 한이 없습니다. 그러면 다 함께 독립 만세를 부릅시다!" 간단하고 짧은 연설이지만 하고 싶은 말을 다 한 셈입니다.

일화 13

옥중에서의 호령

3·1운동으로 투옥되어 있을 때, 최린은 일본이 우리나라 사람을 차별할 뿐만 아니라 압박하고 있다고 말하며 종종 총독체제를 비판했습니다.

이때 묵묵히 듣고 있던 만해는 버럭 소리를 지르며 "아니, 그러면 고우古友(최린의 호)는 총독이 정치를 잘 한다면 독립운동을 안 하겠다는 말이요." 라며 일갈했습니다.

일화 14
감방의 오물

민족 대표들이 모두 감방에서 고민하고 있었습니다. "이렇게 갇혀 있다가는 그대로 죽임을 당하고 마는 것은 아닐까? 평생 감옥 속에서 살게 되지나 않을까?" 그들이 속으로 이러한 불안을 안고 절망에 빠져 있을 때, 극형에 처한다는 풍문이 나돌았습니다. 만해는 태연자약했지만 이런 얘기를 전해 들은 몇몇 인사들은 대성통곡하였습니다. 이 모습을 지켜보던 만해는 격분하여 감방 안에 있던 오물통을 집어 들어 그들에게 뿌렸습니다. "이 비겁한 인간들아! 울기는 왜 울어! 나라 잃고 죽는 것이 무엇이 슬프냐? 이것이 소위 독립선언서에 서명했다는 민족 대표의 모습이냐? 그따위 추태를 부리려거든 당장에 취소해 버려라!" 라고 호통을 쳤습니다. 감방은 삽시간에 조용해졌습니다.

일화 15
일본은 패망한다！

독립선언 서명자들이 법정에서 차례로 신문訊問을 받을 때, 만해는 일체

말을 하지 않았습니다. 재판관이 "왜 말이 없는가?" 라고 묻자, 이렇게 재판관을 꾸짖었습니다.

"조선인이 조선 민족을 위하여 스스로 독립운동을 하는 것은 백번 말해 마땅한 노릇. 그런데 감히 일본인이 무슨 재판이냐?" 신문이 계속되자, 만해는 "할 말이 많으니 차라리 서면으로 하겠다." 며 지필을 달라하여 옥중에서 「조선독립이유서」를 썼습니다.

만해는 이를 통해 조선 독립의 이유, 독립의 자산, 독립의 동기, 독립의 자유 등에 대한 이론을 전개하고 총독정치를 비판했습니다. 결심 공판이 끝나고 최후의 진술 기회가 주어 졌을 때, "우리는 우리의 조국과 민족을 위하여 마땅히 해야 할 일을 한 것뿐이다. 정치란 것은 덕德에 있고, 험險함에 있지 않다. 옛날 위나라의 무후武侯가 오기吳起란 명장과 함께 배를 타고 강을 내려오는 중에 부국富國과 강병强兵을 자랑하다가 좌우 산천을 돌아보면서 '아름답다 산하의 견고함이여, 위국魏國의 보배로다'하고 감탄하였다. 그러나 오기는 이 말을 듣고 '그대의 할 일은 덕에 있지, 산하에 있는 것이 아니다. 만약에 덕을 닦지 않으면 이 배안에 있는 사람 모두가 적이 되리라'고 한 말과 같이, 너희들도 강병만을 자랑하고 수덕修德을 정치의 요체要諦로 하지 않으면 국제사회에서 고립하여 패망할 것을 알려 두노라." 라고 힘주어 말했습니다.

과연 만해의 말대로 일본은 패전하여 쫓겨 갔습니다. 그러나 만해는 끝내 조국의 해방을 보지 못하고 해방되기 1년 전에 입적했습니다.

무후 ~BC 370. 전국 시대 위나라의 국군國君으로 문후의 아들이다. 한나라,
조나라와 함께 진나라 영토를 삼분하며 16년간 재위했다.

오기 吳起 대략 BC 440~BC 381. 춘추전국 시대 초기 위나라 정치가, 개혁가,
군사 전략가. 여러 나라를 전전하며 개혁을 주도한 인물이다.

일화 16

마중 받는 인간이 되라

만해가 3·1 운동으로 3년간의 옥고를 치르고 출감하던 날, 많은 인사들
이 마중을 나왔습니다. 이들 가운데 대부분은 독립선언 서명을 거부한
사람들이요, 또 서명하고도 일제의 총칼이 무서워 몸을 숨겼던 사람들이
었습니다. 만해는 이들이 내미는 손을 거들떠 보지도 않고 얼굴만을 뚫
어지게 보다가 그들에게 침을 탁탁 뱉었습니다. 그리고는, "그대들은 남
을 마중할 줄은 아는 모양인데 왜 남에게 마중받을 줄은 모르는 인간들
인가." 라고 꾸짖었습니다.

일화 17

철창철학 鐵窓哲學

만해가 옥고를 치르고 석방된 뒤 조선불교청년회 주최로 기독교 청년회
관에서 강연회가 열렸습니다. 강연회의 주제는 '철창철학'이었습니다.

강연회장은 초만원을 이뤘습니다. 현장에는 미와三輪라는 일본인 형사가 감시원으로 와 있었습니다. 연설이 조금이라도 거슬리면 해산 명령은 물론이고, 현장의 연사를 연행해 가던 때였습니다. 이런 분위기 속에서도 만해는 일본인 형사가 보란 듯이 민족의식을 고양하는 연설을 이어가며 청중을 열광시켰습니다.

만해는 두 시간 가량 긴 연설을 마치고 맨 마지막에 비장한 어조로 "개성의 송악산에서 흐르는 물은 만월대의 티끌은 씻어도 선죽교의 피는 씻지 못하며, 진주 남강의 물은 촉석루의 먼지는 씻어 가도 의암義岩에 서려 있는 논개의 이름은 씻지 못한다."는 말로 끝을 맺었습니다. 우레와 같은 박수 소리는 끝날 줄을 몰랐고, 일본인 경찰도 손뼉을 쳤다고 합니다.

만월대 滿月臺 개성 송악산에 있는 고려 시대 궁궐터다. 919년 고려 태조가 도읍을 정하고 궁궐을 창건한 이래 1361년공민왕 10 홍건적의 침입으로 소실될 때까지 고려왕조의 궁궐이었다. 2018년 10월 22일부터 12월 10일까지 만월대 일대를 남북이 공동으로 발굴 조사했다.

선죽교 善竹橋 개성시 선죽동에 있는 석교. 북한 국보 문화 유물 제 159호. 개성 남대문에서 동쪽으로 약 1km 거리의 자남산 개울에 있는 다리로 길이 8.35m, 너비 3.36m에 이른다. 고려 말의 유학자인 정몽주가 이방원의 지지 세력에 의해 죽임을 당한 곳으로 유명하다.

촉석루 矗石樓 경남 진주시 옛 진주성 안에 남강을 끼고 있는 누각으로 경남

문화재자료 제8호로 지정돼 있다. 1365년고려 공민왕14년에 창건됐으며, 임진왜란 때 왜적에 대항해 전투를 벌였던 진주성 전투의 총 지휘소다.

의암 義岩 임진왜란 때 논개가 왜장을 껴안고 순국한 바위로, 촉석루 바로 아래 남강 가운데 있다. 경남기념물 제235호로 면적은 400㎡이다. 1593년선조 26년 제2차 진주성 전투로 진주성이 함락되자 경상우도 병마절도사를 지난 최경회가 남강에 투신자살했다. 논개는 남편인 최경회의 원수를 갚기 위해 열 손가락 모두에 가락지를 끼고 촉석루에서 벌어진 연회에 참석, 왜장을 촉석루 아래 바위로 유인해 끌어안고 남강에 투신했다. 논개의 의로운 행동을 기리기 위해 지역 백성들이 이 바위를 의암이라고 이름 붙였다.

일화 18
도산과 만해

만해가 도산島山 안창호安昌鎬와 나라의 장래를 의논한 일이 있습니다. 이때 도산은 '우리가 독립을 하면, 나라의 정권은 서북西北 사람들이 맡아야 하며, 기호畿湖 사람들에게 맡길 수 없다'고 하였습니다.

만해가 그 이유를 물으니, 도산은 '기호 사람들이 오백 년 동안 정권을 잡고 일을 잘못했으니 그 죄가 크며, 서북 사람들은 오백년 동안 박대를 받아왔기 때문이라'고 답했다고 합니다. 그 후부터 만해는 도산과 다시는 만나지 않았습니다.

일화 19
인도에도 김윤식이 있었구나!

3·1 운동이 일어나고 얼마 뒤, 운양雲養 김윤식金允植이 그전에 일제가
준 남작男爵의 작위를 반납하는 일이 일어났습니다. 이는 독립운동의 여
운이 감도는 당시에 취해진 민족적인 반성이었습니다. 이 일이 있었던
몇 달 뒤, 인도에서는 우리나라를 동방의 촛불이라고 노래한 바 있는 시
인 타고르가 영국에서 받았던 작위를 반납했습니다. 이것은 간디의 무저
항주의적인 반영 운동의 자극을 받은 때문이었습니다. 소식을 전해들은
만해는 "인도에도 김윤식이 있었구나."라며 묘한 비판을 남겼습니다.

> 김윤식 金允植 1835~1922. 호는 운양雲養. 경기도 광주 출신으로 구한말의
> 관료이자 문장가이다. 1919년 3·1 운동이 일어나자 일본의 폭압 정치를 규탄
> 하고 조선의 독립 승인을 요구하는 대일본장서對日本長書를 총독부와 일본 정
> 부에 전달했으며, 이로 인해 징역 2년, 집행유예 3년형을 선고 받았다.

일화 20
신이여, 자유를 받아라!

종로 기독청년회관에서 저명인사들의 강연회를 열었을 때, 만해는 '자
유'에 대해 연설하였습니다. "여러분! 만반진수滿盤珍羞(상위에 가득 차린 귀
한 음식)를 잡수신 후에 비지찌개를 드시는 격으로 내 말을 들어 주십시

오. 아까 동대문 밖을 지날 때 과수원을 보니 가지를 모두 가위로 잘라 놨는데, 아무리 무정물無情物이라도 대단히 보기 싫고 그 무엇이 그리웠습니다." 하는 비유를 들어 부자유不自由의 뜻을 말하자 청중들은 모두 박수를 쳤습니다. 과수원의 잘린 가지를 부자유에 비유한 것은 우리나라가 일본에 자유를 빼앗긴 것을 뜻하는 말입니다.

그러나 입회 형사는 그 뜻을 모르고 박수를 치는 청중들에게 고작 과수원 전정剪定이야기 인데 손뼉을 치느냐고 청중의 한 사람에게 따지듯 물었습니다. 그랬더니 이 사람은 "낸들 알겠어요. 남들이 박수를 하니 나도 따라쳤을 뿐이지요." 라며 임기응변으로 재치 있게 대답했습니다. 그래서 잠시 폭소가 터졌습니다. 만해는 "진정한 자유는 누구에게서 받는 것도 아니고 누구에게 주는 것도 아닙니다. 서양의 모든 철학과 종교는 '신이여, 자유를 주소서!'하고 자유를 구걸합니다. 그러나 자유를 가진 신은 존재하지도 않고 또 존재할 필요도 없습니다. 사람이 부자유할 때 신도 부자유하고 신이 부자유할 때 사람도 부자유합니다. 그러므로 우리는 '신이여, 자유를 받아라!' 하고 나가야 합니다." 라며 열변을 토했습니다. 그때 참석했던 사람들은 '신이여! 자유를 받아라!' 라는 이 말은 오랫동안 잊지 못했다고 합니다.

일화 21
자조自助

1923년 4월 조선민립대학 기성회의 선전 강연회가 종로 기독교청년회관
에서 열렸습니다. 만원을 이룬 가운데 월남 이상재의 사회로 유성준兪星濬
의 '조선민립대학 기성회 발기 취지에 대하여'라는 열변에 이어, 만해는
자조自助라는 연설 제목으로 불을 뿜는 열변을 토해냈습니다. 말끝마다 청
중의 폐부를 찌르는 만해의 독특한 웅변은 청중들을 열광케 했습니다.

일화 22
우리의 가장 큰 원수

만해는 웅변에 뛰어난 재주가 있었습니다. 말이 유창하고 논리가 정연하
며 목소리 또한 맑고 힘찼습니다. 그리고 만해가 강연을 하게 되면 으레
일제의 형사들이 찾아오게 되었는데 어찌나 청중을 매혹 시키는지 그들
조차도 손뼉을 쳤다고 합니다.

 "여러분 우리의 가장 큰 원수는 대체 누구란 말입니까? 소련입니까?
아닙니다. 그렇다면 미국일까요? 그것도 아닙니다." 아슬아슬한 자문자
답식의 강연에 일제의 형사들은 차차 상기되기 시작했습니다. 더구나 청
중들은 찬물을 끼얹은 듯 숨을 죽이고 있었습니다.

 "그렇다면 우리의 가장 큰 원수는 일본일까요? 남들은 모두 일본인이

우리의 가장 큰 원수라고 합디다." 선생의 능수능란한 강연은 이렇게 발전해갑니다. 자리에 앉은 형사가 눈에 쌍심지를 켠 것은 바로 이때입니다. "중지! 연설 중지!"

그러나 만해는 아랑곳없이 어느새 말끝을 다른 각도로 돌려놓고 있습니다. "아닙니다. 우리의 원수는 소련도 아니요, 미국도 아닙니다. 물론 일본도 아닙니다. 우리의 원수는 바로 우리 자신입니다. 우리의 게으름, 이것이 바로 우리의 가장 큰 원수라는 말입니다." 말이 채 끝나기도 전에 청중들은 박수갈채를 보냈습니다. 이쯤 되니 일제의 순사도 더는 손을 못 대고 머리만 긁을 뿐이었습니다.

일화 23
소화 昭和 를 소화 燒火 하라

만해가 신간회新幹會 경성지회장으로 있을 때 전국에 공문을 돌려야 할 일이 있었습니다. 그런데 인쇄해 온 봉투의 뒷면에는 일본 연호인 소화 昭和 몇 년 몇 날이라는 글자가 찍혀 있었습니다. 선생은 아무 말 없이 1천 장이 넘는 그 봉투를 아궁이 속에 처넣어 태워 버렸습니다.

이 광경을 보고 있는 사람들에게, 만해는 가슴이 후련한 듯 "소화昭和를 소화燒火해 버리니 시원하군!" 하는 한 마디를 던지고는 훌훌 사무실을 떠나 버렸습니다.

신간회 新幹會 1927년 2월, 민족주의 진영과 사회주의 진영이 제휴하여 창립한 항일 민족운동단체다. 안재홍, 이상재, 백관수, 신채호, 신석우, 권동진 등 34명이 발기했다. 1930년 쯤 전국 140여 개의 지회와 3만 9천여 명의 회원을 확보해 근검절약 운동, 청년운동을 지원하면서 사실상의 독립운동을 전개했으나 1931년 5월 해산했다.

일화 24
나를 매장시켜라

만해는 젊은이들을 사랑할 뿐만 아니라 모든 기대를 그들에게 걸었습니다. 따라서 젊은 후진들이 자신보다 한 걸음 앞장서 전진하기를 마음 깊이 바라고 있었습니다. 공부도 더 많이 하고, 일도 더 많이 해서 자신과 같은 존재는 오히려 빛이 나지 않을 정도로 되기를 바랐습니다.

그러므로 소심하고 무기력한 젊은이를 보면 매우 못마땅해 했습니다. 더구나 술을 한 잔 해서 얼큰히 취하면 괄괄한 성격에 불이 붙어, 젊은 사람에게 사정없이 호통을 쳤습니다. "이놈들아! 나를 매장 시켜 봐. 나 같은 존재는 독립운동에 필요 없을 정도로 앞서 나가 일 해 봐!"

젊은이들 가운데 독립운동을 하다가 감옥 가는 이가 있으면 만해는 오히려 축하하고 격려했습니다.

일화 25
펜촉이 부러지다

1927년 월남 이상재의 사회장社會葬 때였습니다. 만해는 장의위원 명부에 자신의 성명이 기재 되어 있음을 알고 수표동에 있는 장의위원회를 찾아가 자신의 이름 석 자를 펜으로 박박 그어 지워 버렸습니다. 펜에 얼마나 힘을 주어 그었는지 펜촉이 부러지고 종이가 찢어졌습니다. 3·1운동 당시 월남이 독립선언서에 서명을 거절했기 때문이었습니다.

일화 26
어디 한 번 더 해봐

어느 날 재동에 있는 이백강李白岡 선생 댁에서 조촐한 술좌석이 벌어졌습니다. 이 자리에는 적음 스님을 비롯한 몇몇 가까운 지인들이 동석했습니다. 술이 몇 차례 도니 만해도 기분이 유쾌해졌습니다. 그런데 잔이 거듭 오고 가던 중에 적음이 "여러분 감빠이乾杯 합시다." 라고 말했습니다. 선생은 노발하여 "적음! 그 말이 무슨 말인가? 무엇을 하자고? 어디 한 번 더 해 봐!" 하고 언성을 높였습니다. 적음은 무색해졌습니다.

심우장 서울 성북동에 있는 만해의 생가. 서울기념물 제 7호. 만해가 1933년 당시 남향으로 지으면 조선총독부 건물을 마주보게 된다며 이를 거부하고 북향으로 지은 집이다.

일화 27
유신 惟新

만해는 자주 이런 말을 했습니다. "내가 유사지추有事之秋(독립의 의미)를 맞이하면 조선의 중부터 제도하고 불교를 유신하여 나라를 빛내겠다."

일화 28
북향집 심우장

줄곧 빈한한 생활을 해오던 만해는 만년에 이르러 비로소 성북동 끝자락에 집 한 칸을 갖게 됐습니다. 마음 놓고 기거할 집 한 칸 없는 만해의 생활을 보다 못해 방응모, 박광, 홍순필, 김병호, 벽산 스님, 윤상태 등을 비롯한 몇몇 유지들이 마련해 준 집이었습니다.

이 집을 지을 때 지인들은 여름에는 시원하고 겨울에는 볕이 잘 드는 남향으로 터를 잡자고 제안했습니다. 하지만 만해는 "그건 안 되지. 남향하면 바로 돌집 조선총독부朝鮮總督府을 바라보는 게 될 터이니 차라리 볕이 좀 덜 들고, 여름에 덥더라도 북향하는 게 낫겠어."라며 동북향 집을 짓게 했습니다.

보기 싫은 총독부 청사를 자나 깨나 향하고 산다는 것이 만해에게는 여간 불쾌한 일이 아니기 때문이었습니다. 이리하여 동북향으로 주춧돌을 놓고 집을 세웠는데, 이 집이 바로 심우장입니다. 만해가 손수 지은 이 택호宅號는 '소를 찾는다'는 뜻인데, 소는 마음에 비유한 것이므로 무상대도無上大道를 깨치기 위해 공부하는 집이란 뜻입니다.

만해는 입적하는 날까지 이 집에서 사상을 심화시키고 선禪을 깨치기 위하여 몸과 마음을 함께 닦았던 것입니다.

박광 林洸 1882~? 일제 강점기 경북 고령 출신의 독립운동가다. 1909년 안희제, 윤세복, 김동삼 등 80여 명의 동지와 함께 비밀 결사조직인 대동청년당을 만들어 항일 투쟁을 벌였다. 1919년 영호남 유림 137명이 서명한 독립청원서를 파리강화회의에 제출하기 위해 만주에서 건너온 김창숙, 박돈서에게 여행의 편의를 제공하고 국내외 연락을 맡아 활동했다. 1977년 대통령 표창, 1990년 건국훈장 애족장이 추서됐다.

조선총독부 朝鮮總督府 1910년부터 1945년까지 조선의 국권을 빼앗아 수탈한 한반도의 일제 식민통치기관이다. 1910년 9월 30일 총독부 및 소속관서의 관제가 공포되어 10월 1일부터 조선총독부 기능이 가동됐다. 초대 총독은 일본 육군대장 데라우치 마사타사 寺內正毅. 데라우치는 조선 인민의 저항을 억압하기 위해 헌병과 경찰을 통합해 중앙에 헌병사령관을 두고, 각 지방에 헌병대장을 임명해 폭압적인 무단정치를 강행했다. 3·1운동을 계기로 헌병경찰을 보통 경찰제로 바꾸고, 총독부 정책도 이른바 문화정책으로 전환했으나, 표면상의 정책전환일 뿐 실질적인 탄압은 가중됐다. 총독부 말기에는 내선일체화, 창씨개명, 한민족의 황국신민화 등의 명분아래 전통, 풍습, 언어 등을 억압하는 지독한 민족말살정책을 벌였다. 1945년 8월 15일 일제의 무조건 항복과 함께 해체됐다.

일화 29

방성대곡 放聲大哭

중국에서 독립운동을 하다가 왜적에 검거돼 마포 형무소에서 옥고를 치르던 애국지사 일송 一松 김동삼 金東三 선생이 별세하였습니다.

만해는 한달음에 형무소로 뛰어가 직접 유해를 인수해서 심우장의 자기 방에다 모셔 놓고 오일장五日葬을 지냈습니다. 장례 때에는 당시 지식인들을 비롯한 많은 명사가 조의를 표하기 위해 왔으나 꼭 오리라고 믿었던 몇몇 인사들이 보이지 않았습니다. 누가 그 까닭을 물으니 만해는 "그 사람들이 사람을 볼 줄 아는가!" 라고 말했습니다.

당시 홍제동 화장터는 일본인이 경영하므로 한국인이 경영하는 미아리의 화장터에서 장례를 치렀습니다. 영결식에서 만해는 방성대곡하며 이렇게 말을 했습니다.

"우리 민족 지도자의 유일무이唯一無二한 위인인 일송 선생의 영결은 민족의 대 불행이라, 2천3백만 겨레를 잃는 것처럼 애석한 일입니다. 국내외를 통해 이런 인물이 없습니다. 유사지추有事之秋를 맞으면 나라를 수습할 인물이 다시없어 큰 혼란이 일어날 것이니 비통합니다."

여기서 말하는 유사지추란 말할 것도 없이 독립을 말하는 것이며, 만해는 독립 후 건국 대업을 생각하고 더욱 일송의 죽음을 애통해 했던 것입니다. 사람들은 만해가 우는 것을 그때 꼭 한 번 보았다고 합니다.

김동삼 金東三 1878. 6. 23.~1937. 3. 3. 안동 출신 독립운동가로 서간도에 독립운동 기지를 개척한 선구자다. 1943년 서대문 형무소에서 순국했다. 1931년 만주 사변이 일어나자 북만주에서 활동하다 하얼빈에서 일본 밀정의 밀고로 체포돼 국내로 압송됐다. "나라 없는 몸 무덤은 있어 무엇 하느냐? 내가 죽거든 시신을 불살라 강물에 띄워라. 혼이라도 바다를 떠돌며 왜적이 망하고 조국이 광복되는 날을 지켜보리라." 는 생전의 유언에 따라 만해 한용운이 시신을 거두어 오일장을 치루고, 유해는 화장해서 한강에 뿌렸다.

일화 30
곰과 사자

1937년 2월 26일 총독부 회의실에서 총독부가 주관하는 31본산 주지회의가 열렸습니다. 주지회의는 조선 불교를 친일화하려는 목적에서 계획 된 것이었습니다. 여기에 참석한 마곡사 주지 송만공宋滿空 선사는 유명 한 웅변으로 이 회의를 주재하는 총독을 꾸짖었습니다.

"과거에는 시골 승려들이 서울엔 들어서지도 못했으며, 만일 몰래 들 어 왔다가 들키면 볼기를 맞았다. 그때는 이같이 규율이 엄했는데 이제 는 총독실까지 들어오게 됐으니 나는 도리어 볼기맞는 그 시절이 그립 다. 우리들이 여기에 오게 된 것은 사내정의寺內正毅(데라우치 초대총독)가 이른바 사찰령을 내려 승려의 규율을 파괴했기 때문이다. 그러니 경전이 가르치는 것과 같이 사내정의는 무간지옥無間地獄에 갔느니라. 남차랑南 次郞 총독 역시 무간지옥에 갈 것이다."

그리고는 "총독부는 부디 우리 불교만은 간섭하지 말고 우리에게 맡 겨 달라."고 하는 말로 끝을 맺었습니다.

당시 위세를 떨치던 총독을 바로 앞에 놓고, 만공은 들고 있던 주장자 柱杖子로 책상을 치기까지 하면서 총독을 무간지옥에 갈 것이라고 호통 을 치는 장면은 장엄하고 통쾌한 일이었습니다. 물론 장내는 초긴장이 되었으며, 이제 총독으로부터 무슨 날벼락이 떨어지지 않을까 하고 모두 가 숨을 죽였습니다. 만공을 미친 늙은이라고 하는 사람도 없지 않았습 니다. 이때 총독은 무슨 생각에서인지 만공을 체포하려는 헌병들을 만류 했습니다.

이런 분위기 속에서 회의는 어수선하게 끝났으나 예정대로 총독은 참석자 전원을 총독 관저로 초빙했습니다. 그러나 만공은 총독 관저로 가지 않고 선학원으로 만해를 만나러 갔습니다.

총독을 꾸짖은 이 통쾌한 이야기는 금방 장안에 퍼졌습니다. 이미 이 사실을 전해들은 만해는 만공이 찾아온 것이 더욱 반가웠습니다. 이윽고 곡차를 놓고 마주 앉아 마시며 이야기를 주고받다가 만해는 말했습니다. "호령만 하지 말고 스님이 가지신 주장자로 한 대 갈 길 것이지."

만공은 이 말을 받았습니다. "곰은 막대기 싸움을 하지만 사자는 호령만 하는 법이지." 만공은 사자가 되고, 만해는 곰이 되어 버린 셈입니다. 만해는 즉각 응대했습니다. "새끼 사자는 호령을 하지만 큰 사자는 그림자만 보이는 법이지." 즉 만공은 새끼 사자가 되고, 만해는 큰 사자가 되어 버린 셈입니다.

당대의 고승인 두 분이 주고받은 격조 높은 대화는 길이 남을 만한 역사적인 일화가 됐습니다.

훗날 만해가 입적한 후 만공은 이제 서울에는 사람이 없다고 하여 다시는 서울에 오지 않았다고 합니다.

만공 滿空 선사 1871~1946. 속명은 도암. 전라북도 정읍시 태인면에서 출생. 13살에 출가해 충남 서산 천장사에서 태허를 은사로 모시고 경허를 계사로 사미계를 받았다. 1937년 마곡사 주지를 지낼 때 조선총독부 회의실에서 31본산 주지회의 자리에서 총독부가 조선불교의 일본불교화를 주장하자 이를 정면으로 비판하며 호통친 일화로 유명하다. 만공은 제자들에게 무자 화두에 전념하도록 가르치고 간화선 수행과 보급에 앞장 선 분으로 평가받는다. 1946년 전월사에서 입적. 경허(75대)-만공(76대)-전강(77대)으로 법맥이 이어졌다.

사찰령 寺刹令 1911년 일제가 한국 불교를 억압하고 민족정신을 말살하기 위해 제정, 공포한 법령이다. 총독부가 우리 사찰 전체를 직접 관리하도록 하고, 사찰 내에서의 집회를 억압하는 근거가 됐다. 또한 사찰의 규범 등을 모두 총독부의 허가를 받게 해 사찰의 자주권을 박탈하고, 주지를 임명하는 권한도 총독부가 갖도록 함으로써 한국 불교는 일제의 식민지 통치기관인 조선총독부 감독 하에 예속되고, 불교 교단은 31본산으로 나눠지게 됐다.

무간지옥 無間地獄 아비지옥阿鼻地獄 또는 무구지옥無救地獄이라 부른다. 사후에 영혼이 여기에 떨어지면 그 당하는 괴로움이 끊임이 없기 때문에 무간지옥이라고 한다. 오역죄를 범하거나 사탑을 파괴하거나 성중을 비방하고 시주받은 재물을 함부로 허비하는 이가 이곳에 떨어진다고 풀이한다.

일화 31

나의 죽음으로 독립이 된다면

만해는 어쩌다 술을 마셔 취하면 흥분한 어조로 다음과 같은 말씀을 하시곤 했습니다. "만일 내가 단두대에 나감으로 해서 나라가 독립된다면 추호도 주저하지 않겠다."

친구를 아끼는 마음

만해는 친구인 화가 일주一洲 김진우金振宇가 친일 요녀 배정자裵貞子의 집에 기숙하며 그림을 그린다는 말을 듣고 즉시 그 집을 찾아갔습니다. 배정자가 나와 반가이 맞아들였으나 만해는 아무런 대꾸도 하지 않고 따라 들어가 일주가 정말 기숙하고 있는가를 살폈습니다. 마침 그가 있었으나 만해는 일주에게 아무 말도 하지 않았습니다.

얼마 후 배정자가 술상을 차려들고 들어와서 술을 따라 만해에게 권했습니다. 만해는 그때야 낯빛을 고치고 일주를 물끄러미 보고 있다가 술상을 번쩍 들어 일주를 향해 집어 던졌습니다. 그러고는 태연히 그 집을 나왔습니다.

그것은 친구인 일주를 책망하는 동시에, 평소 아끼던 마음에서 우러난 행동이었습니다. 그 후 만해가 별세했을 때, 일주는 통곡하며 끝까지 호상하여 누구보다도 슬퍼했습니다.

김진우 金振宇 호는 일주 一洲. 1883~1950. 서화가, 독립운동가. 사군자 중에 특히 대나무를 잘 그린 화가로 평가받는다. 1919년 중국 대한민국임시정부 의정원 강원도 대표 의원을 지냈다. 1921년 귀국하여 독립운동을 펼치다 붙잡혀 3년 징역형을 치렀다. 2005년 건국훈장 애족장이 추서됐다.

배정자 裵貞子 1870~1951. 초명은 분남粉南. 친일 민족반역자. 1885년 일본으로 건너가 1887년 이토 히로부미의 양녀가 됐고, 이름을 정자貞子로 바꾸었다. 일본에서 철저하게 간첩교육을 받고 1894년 귀국해 고종에게 접근한 뒤 일제가 조선을 병탄하는데 일제의 앞잡이로 많은 역할을 했다. 1920년 이후에는 만주, 중국 본토 등에서 독립투사들 체포에 앞잡이 노릇을 해 악명을 떨쳤다. 1949년 대한민국 정부 수립 후 반민특위에 의해 체포돼 처벌받았다.

일화 33
강직과 배일排日

어느 해, 삼남 지방에 심한 수해가 났습니다. 학생들은 수재민을 돕기 위해 모금운동에 앞장섰습니다. 그들이 만해를 방문하니 "제군들! 정말 훌륭한 일을 하는군! 이런 어려울 때 일수록 우리 민족이 함께 일어나서 서로 도와야지." 하며 가난한 호주머니를 털어 그들을 격려하였습니다.

"그런데, 모은 돈은 어떻게 쓰나?"

만해는 돈이 어떻게 유용하게 쓰이는지 궁금하여 물었습니다. 그러자, 학생들은 "일부는 국방비로 헌납되고 그 나머지는 수재민에게 나누어 줍니다." 하고 대답했습니다. 순간 만해의 태도가 바뀌었습니다.

"뭐! 왜놈들의 국방비로 헌납! 안 되지, 내가 왜놈들의 국방비에 보태주다니…." 하며 노발대발한 만해는 그들에게 주었던 돈을 도로 빼앗고는 집 밖으로 쫓아 버렸습니다.

서민자래 庶民自來 라니

어느 날, 만해는 홍릉 청량사에서 베푸는 어떤 지기의 생일잔치에 초대 받아 참석 했습니다. 민족 대표 33인 중의 여러 명을 포함해 많은 저명인 사가 손님으로 자리하고 있었습니다.

이런저런 얘기가 오가다가

"부여신궁扶餘神宮 낙성식이 참 굉장하더군. 과연 서민자래庶民自來 야." 하고 누군가 한마디 했습니다.

서민자래란 어진 임금이 있어 집을 짓는데 아들이 아버지 일을 보러 오듯 민중이 스스로 일을 하러 와서, 하루에 낙성하였다는 『시경』에 나 오는 고사입니다. 신궁 낙성식장에 사람이 모인 광경을 비유하여 일제를 격찬하는 한마디였습니다.

이를 듣고 있던 만해가 옆 사람에게 그가 누구냐고 물었습니다. 중의 원 참의參議 정병조鄭丙朝인데 인사 소개를 하겠다고 하니 그만두라고 하고는 "정병조야, 이리 오너라." 하고 큰 소리로 불렀습니다. 그도 노하 여 나섰습니다.

"누구냐?"

"나 한용운이다. 너 이놈 양반의 자식으로서 글깨나 배웠다는 놈이 '서민자래' 라고 함부로 입을 놀리느냐. 이놈 개만도 못한 놈." 하고는 앞뒤를 가릴 것도 없이 자리에 있던 재떨이를 냉큼 들어 그의 면상을 향하여 냅다 던졌습니다. 그의 면상에서는 피가 흐르기 시작했습니다. "이놈 어서 가서 너의 아비, 남차랑南次郞에게 가서 고발해라." 하고 큰 소리로 꾸짖고는 즉시 청량사를 나와 버렸습니다. 당시 일제는 충남 부여를 하나의 성지로 정하여 이른바 부여신궁을 짓고 있었습니다. 일본은 백제의 문화가 일본에 건너가서 여러모로 영향을 끼쳤던 사실을 역이용하여 한민족 말살 정책의 한 방편으로 삼기 위하여 일본과 조선은 공동운명체라는 이론을 위장하고 있었습니다. 청량사에서 벌어진 이 사건은 바로 이러한 민족적인 울분의 표현이었습니다.

부여신궁 扶餘神宮 일제는 일제말기에 내선일체를 선전하기 위해 고대 일본과 관련 깊은 부여에 신도를 건설하려는 계획을 세웠다. 신도 건설 계획의 핵심으로 부여 신궁이라는 신사를 짓기로 한 것이다. 1939년 6월에 정식인가 하고, 1943년에 완공될 예정이었으나 공사가 늦어지고, 1945년 8월 15일 일제가 무조건 항복으로 종전되면서 무위로 끝났다. 조선총독부는 1940년부터 봉사대라는 이름으로 조선인들을 대거 동원해 육체노동을 시켰다.

남차랑 南次郞 7대 조선 총독1936~1941, 재임 6년 동안 일본어 상용, 창씨개명, 지원병제도 실시 등으로 한민족 문화 말상 정책을 가장 악랄하게 강행한 장본인이다.

일화 35

총독에게 자비를 베풀라

31본산 주지회의 때였습니다. 만해는 연설을 해 달라는 요청이 몇 번이나 와서 마지못해 나가서 다음과 같은 얘기를 하였습니다.

"여러분, 여러분께서는 해마다 새해가 되면 총독 앞에 나가서 세배를 하십니다. 조선을 통치하고 있는 총독의 얼굴을 직접 우러러 본다는 것은 참으로 영광된 일이겠지요. 그리고 기회만 있으면 총독을 찾아가서 얘기하십니다."

만해는 잠깐 말을 쉬고 좌중을 훑어 본 다음,

"그런데 총독은 매우 바쁜 사람입니다. 조선 통치에 관한 온갖 결재를 하다 보면 똥 눌 시간도 없는 게 당연지사 일겁니다. 여러분은 자비를 바탕으로 살아가는 스님이 아닙니까? 남의 생각도 해 줘야지요. 조선 총독을 편안케 해 주려거든 아예 만나지 마시오. 부탁입니다." 라고 했습니다. 다분히 친일요소가 있었던 31본산 주지들을 나무란 이야기입니다. 실로 촌철살인의 기개를 엿볼 수 있는 대목입니다.

일화 36

세상에서 제일 더러운 것은

총독부 어용 단체인 31본산 주지회의에서 만해에게 강연을 청했습니다.

만해는 거절했으나 얼굴만이라도 비춰 달라고 하며 간청하므로 마지못
해 강연에 나가게 됐습니다. 단상에 오른 선생은 묵묵히 청중을 둘러보
고는 이윽고 입을 열었습니다.

"세상에서 제일 더러운 게 무엇인지 아십니까?" 청중은 아무런 대답
을 하지 않았습니다. 선생은 "그러면 자문자답을 할 수밖에 없군. 제일
더러운 건 똥이라고 할 수 있겠지요. 그런데 똥 보다 더 더러운 것은 무
엇일까요?" 역시 아무런 대답이 없었습니다.

"그러면 또 내가 말하지요. 나의 경험으로는 송장 썩는 것이 똥 보다
더 더럽더군요. 왜냐하면 똥 옆에서는 음식을 먹을 수 있어도, 송장 썩는
옆에서는 역하여 차마 먹을 수가 없기 때문입니다."

그러고는 다시 한번 청중을 훑어보고

"송장보다 더 더러운 것이 있으니 그것이 무엇인지 아십니까? 하고
한 번 더 물었습니다.

그러면서 만해의 표정이 돌변하였습니다. 뇌성벽력같이 소리를 치며
"그건 31본산 주지 네놈들이다." 만해는 뒤도 돌아보지 않고 그곳을 박
차고 나와 버렸습니다.

일화 37

육당은 죽었소

육당 최남선이 3·1 운동 당시 독립선언서를 지은 것은 다 알려진 사실입니다. 그러나 육당은 그 후 변절하여 중추원 참의라는 벼슬을 받고 있었습니다. 만해는 이것이 못마땅해 이미 마음으로 절교하고 있었습니다.

어느 날, 길에서 육당을 만났습니다. 만해는 못 본 체하고 빨리 걸어갔으나 육당이 따라와 앞을 막으면서 먼저 인사를 청했습니다.

"만해 선생, 오랜만입니다."

그러자 만해가 이렇게 물었습니다.

"당신은 누구시오?"

"나 육당 아닙니까?"

만해는 또 한 번 물었습니다.

"육당이 누구시오?"

"최남선입니다. 잊으셨습니까?"

그러자 만해는 여전히 외면하면서

"내가 아는 최남선은 벌써 죽어 장송葬送했소." 라고 말하고는 뒤도 돌아보지 않고 가버렸습니다.

시시한 심부름

만해는 강직한 성격 때문에 생활이 몹시 가난했습니다. 일제는 이런 사실을 핑계삼아 만해에게 유혹의 손길을 내밀고 있었습니다. 어느 날, 한 청년이 목침만한 보따리를 들고 찾아왔습니다. 그러고는 은근한 낯빛을 지으며 그 보따리를 만해 앞에 밀어 놨습니다.

"선생님, 이거 얼마 안 되는 액수입니다만 살림에 보태 쓰시라고 가져왔습니다."

그 돈의 액수가 얼마인지는 알 수가 없으나 상당히 많은 액수임에 틀림없었습니다.

"그런데 젊은이, 나를 이렇게 생각해 주는 것은 고마우나, 이 돈을 대관절 누가 보낸 것이지?"

"저……. 실은 어제 총독부에서 들어오라 해서 갔더니……."

"뭐라고!"

채 말끝이 떨어지기도 전에 만해의 얼굴이 갑자기 굳어졌습니다. 그 보따리의 뜻이 무엇인지 알았기 때문입니다.

어느 새 만해는 그 돈 보따리로 젊은이의 뺨을 후려치며

" 이놈! 젊은 놈이 그따위 시시한 심부름이나 하고 다녀! 당장 나가!"
하고 소리쳤습니다.

젊은이는 아무 말도 못하고 돌아갔습니다.

일화 39
난 그런 거 모르오

만해가 불교사에 재직하고 있던 어느 날, 식산은행殖産銀行에서 만해에게 도장을 갖고 오라는 공한公翰이 왔습니다.

그러나 만해가 갈 리가 없었습니다. 그 후 식산은행 측에서 서류 뭉치를 들고 불교사까지 찾아와 도장을 찍어 달라는 것이었습니다.

"왜 도장을 찍으라는 거요?"

만해가 짧게 물었습니다.

"선생님, 성북동에 있는 산림 20여 만 평을 무상으로 선생님께 드리려는 겁니다. 도장만 찍으시면 선생님의 재산이 되는 겁니다. 만해는 홱 돌아앉으며 "난 그런 거 모르오." 라며 거절했습니다.

식산은행 殖産銀行 일제 강점기 조선총독부의 산업정책을 지원하던 특수은행. 1918년 농공은행 6개를 합병해서 설립됐으며, 일제의 식민경제 지배에서 동양척식주식회사와 함께 중요한 축이다. 특히 중일 전쟁 이후로는 약 8년간 전시체제 속에서 채권 발행과 강제 저축을 통해서 조선의 자금을 흡수해 일본 정부와 전쟁 수행을 위한 군수산업 부문에 이를 공급하는 역할을 담당했다. 8·15 해방이후 한국식산은행으로 개칭되고, 한국식산은행은 1954년에 한국산업은행으로 발족했다.

창자까지 함락되겠군

중일전쟁을 일으킨 일본은 중국을 침략하기 시작했습니다. 워낙 넓은 땅
이라 점령한 지역이란 고작 선과 점에 지나지 않았지만 잇따라 한코함
락漢口陷落, 난징함락, 상하이함락 등의 보도가 빈번해졌습니다. 일본의
이런 전황에 따라서 우리나라 애국지사들도 사상이 변해 일본식 이름으
로創氏改名 바꾸는가 하면 일제에 아부하고 일본을 위한 강연에 자진해
나서는 사람이 자꾸 늘어났습니다. 이때 만해는 민족정신을 수습할 수
없음을 통탄하며,

"왜병의 함락 선전 바람에 창자까지도 함락당하겠군!"하고 되뇌었습
니다.

중일전쟁 中日戰爭 일본의 침략으로 중국 전역에서 전개된 전쟁. 1937년 7월
7일 베이징 교외의 작은 돌다리인 노구교蘆溝橋에서 일본군과 중국군 사이에
벌어진 작은 사건을 빌미로 일본군이 일방적인 공격을 개시하였고, 중국 전역
으로 확대됐다. 일본군은 베이징과 텐진天津을 점령하고 상하이로 전쟁을 확
대시켰다. 1937년 12월에는 중화민국 수도 난징南京을 점령해 수십만 명의 시
민을 잔인하게 살육, 여성을 강간하고 약탈했다. 그 뒤 우한武漢 광둥廣東 등
남부 10개의 성과 주요 도시를 점거했다. 중국 측이 국민당과 공산당의 국공
합작으로 항일통일전선을 형성해 본격적인 항전을 시작하면서 전쟁은 장기화
됐다.

창씨개명 創氏改名 1940년부터 1945년 8월까지 일제가 우리나라 사람에게

일본식 성씨를 쓰도록 강요한 행위다. 조선총독부는 조선민사령을 개정하여 1940년 2월 11일부터 8월 10일까지 씨(氏)를 정해서 제출할 것을 명령했다. 일제는 갖은 수단을 동원해 일본식 이름을 쓰도록 강요했는데, 예를 들면, 1. 일본식 이름을 쓰지 않은 사람 자녀의 각급 학교 진학을 거부하고, 2. 아이들을 구타해 아이들의 애원으로 부모의 일본식 이름을 강제하고, 3. 일본식 이름을 쓰지 않은 사람은 공사기관에 채용하지 않고 현직자는 해고하고, 4. 행정기관에서는 일본식 이름을 하지 않은 사람의 모든 민원 사무를 취급하지 않고, 5. 일본식 이름을 쓰지 않은 사람은 우선적으로 노무 징용 대상로 지명하며, 6. 일본식 이름을 쓰지 않은 사람은 식량 및 물자 배급대상에서 제외했다. 1945년 일제가 패망하면서 한국인들은 일본식 성씨로부터 해방됐다.

일화 41
감히 개자식이라고 하지 마라

일본이 중국 침략으로 제국주의적 식민활동에 박차를 가할 무렵이었습니다. 국내에서는 일본에 아부하며 가짜 일본인이 되기에 광분하는 자가 속출했습니다.

하루는 벽초 홍명희가 만해를 방문하여 대단히 격분한 어조로

"이런 변이 있소. 최린佳山麟, 윤치호伊東致昊, 이광수香山光郎, 주요한松村紘一 등이 창씨개명들을 했습니다. 이런 개자식들 때문에 민족에 악영향이 클 것이니 청년들을 어떻게 지도한단 말이오." 하고 통분했습니다.

이 말을 듣고 난 만해는 쓴웃음을 크게 지어 보이며

"당신이 그 자들을 과신한 듯하오. 그러나 실언하였소. 만일 개가 이 자리에 있어 능히 말을 한다면 당신에게 크게 항쟁할 것이요. 나는 주인을 알고 충성하는 동물인데 어찌 주인을 모르고 저버리는 인간들과 비교하느냐?"고 말이오. 그러니, "개보다 못한 자식을 개자식이라 하면 도리어 개를 모욕하는 것이 되오." 라고 말했습니다. 벽초도 만해의 말이 옳다고 긍정했습니다.

일화 42
걸식은 무능이다

어느 날 만해는 탁발하는 중을 보고 이렇게 말했습니다.

"탁발은 보살 만행 중의 하나나 만행에서 9천9백9십9행을 버리고 왜 하필 하나인 탁발을 택했는가? 구걸은 자기의 무능을 나타내고 다른 사람의 천대를 받을 뿐이다."

이 말을 들은 중은 부처님의 행적을 들어, 만해에게 불만을 표시했습니다. 그러자 만해는 "지금은 시대가 다르다. 다른 종교인들의 멸시를 면치 못할 뿐이니 불교도를 위해서라도 앞으로 구걸을 하지 않는 것이 좋으리라." 하고 충고했습니다.

평범한 한마디의 말씀 속에도 오랫동안 되풀이돼 온 탁발제도에 대한 혁신정신을 엿볼 수 있는 대목입니다.

더러운 돈

3·1 운동 당시 동지였던 최린이 그 후 변절하여 일본식 이름으로 바꾸고, 어느 날 심우장으로 찾아왔습니다. 그가 안으로 들어오는 것을 방안에서 본 만해는 슬그머니 부인을 불러 일렀습니다.

"나가서 없다고 그러오. 꼬락서니조차 보기 싫으니……." 하고는 옆방으로 가버렸습니다.

최린은 마침 만해의 딸 영숙을 보자, 당시로서는 거액인 백 원짜리 지폐 한 장을 손에 쥐여 주고는 돌아갔습니다.

만해는 이 사실을 알고는 몹시 화를 내며 부인과 영숙을 꾸짖었습니다. 그리고는 아이가 받았던 돈을 가지고 쏜살같이 명륜동 최린의 집으로 찾아가서 그 돈을 문틈으로 던지고 돌아왔습니다.

일본 말엔 따귀로

어느 날 친구 홍재호洪在皡와 더불어 한가히 잡담을 나누던 중 그가 무

심코 일본 말을 한마디 했습니다. 만해는 하던 이야기를 중단하고,

"나는 그런 말은 무슨 말인지 모르오." 하고 말했습니다.

홍재호는 "선생, 내가 실수를 했구려. 그러나 때가 때인 만큼 안 쓸 수도 없지 않습니까?" 하고 변명했습니다. 그러자 만해는 그의 뺨을 한 대철썩 때리고는 쫓아버렸습니다.

일화 45
그건 글자가 아니다

만해는 외딸 영숙에게 일찍부터 한자를 가르쳤습니다. 영숙 역시 아버지를 닮아 머리가 총명하였습니다. 다섯 살 때 이미 『소학』을 읽었던 것입니다.

하루는 영숙이 신문에 간간이 섞인 일본 글자를 보고 "아버지, 이건 뭐예요?" 하고 물었습니다.

"음, 그건 몰라도 되는 거야. 그건 글자가 아니야."

비록 어린 딸에게 하신 말씀이지만 한마디 말에서도 일생을 독립운동에 바친 삶의 단면을 엿볼 수 있는 대목입니다.

일화 46
위무불능굴 威武不能屈

'전 조선인 중 8, 9할이 창씨, 경북 안동군이 가장 모범!'

어느 날 매일신보에 이런 기사가 실렸습니다. 안동군이 가장 일본인

이 되기에 급급했다는 이 기사를 본 만해는

"안동은 유림의 양반들이 사는 고장인데 이럴 수가 있을까? 어떻게 학문을 닦았기에 그럴까? 유학이 결코 의지가 박약한 것이 아닌데 글을 옳게 배우지 못한 까닭으로 그런 꼴이 되었으니 그만 못한 우민愚民이야 말해서 뭐할까? 위무불능굴威武不能屈이란 맹자의 구절을 알련마는 모르는 것과 마찬가지니 참으로 한심하다."고 탄식했습니다.

> **위무불능굴 威武不能屈** 어떤 무력에도 굴복하거나 꺾이지 않고 당당하다는 뜻으로 『맹자』「공손연장의장公孫衍張儀章」에 나온다. 종횡가 학자인 경춘景春이 공손연과 장의가 진정한 대장부라고 말하자, 맹자는 진정한 대장부란 어떠한 사람인가에 대해서 다음과 같이 설명한다. "천하의 넓은 집에 살면서, 천하의 올바른 자리에 서고, 천하의 대도를 행한다. 뜻을 얻으면 백성과 함께하고, 뜻을 얻지 못하면 홀로 그 도를 행한다. 부귀도 그 마음을 흩뜨리지 못하고 빈천도 그 마음을 변화시키지 못한다. 위력이나 무력도 그를 굽히게 하지 못하니 이런 사람을 일러 대장부라고 하는 것이다."

일화 47
춘원과 만해

춘원 이광수는 불교 소설을 쓰거나 소설에 불교에 관한 것을 인용할 때에는 곧잘 만해를 찾곤 했습니다. 그리하여 그 교리의 옳고 그름을 물었습니다. 만해는 춘원과 서로 문학을 논하며 정신적인 교류를 해왔습니다.

춘원은 일본식 이름으로 바꾼 뒤 어느 날 심우장으로 만해를 방문했습니다. 만해는 춘원이 일본식 이름으로 바꾼 것을 알고 있었습니다. 집에 들어서는 춘원이 인사도 하기 전에 노발대발했습니다.

"네 이놈, 보기 싫다. 다시는 내 눈앞에 나타나지 마라."

청천벽력 같은 이 말에 춘원은 변명도 못하고 무색한 낯으로 돌아가고 말았습니다.

일화 48
기자의 카메라를 내던지다

총독부의 기관지 매일신보의 기자가 찾아와 만해에게 학병출정을 독려하는 글을 부탁하였습니다.

"그런 글은 못 쓰겠네. 아니 안 쓰겠네."

"그럼 말씀만 해 주십시오. 제가 받아쓰겠습니다."

"안 돼, 그것도 안 돼."

만해의 음성이 다소 거칠어졌습니다.

"정 그러시다면 사인이라도 해주십시오. 원고는 신문사에서 적당히 쓰겠습니다."

다그친 독촉과 함께 기자는 카메라를 들었습니다. 사진을 찍어다 내려는 심산이었습니다. 순간, 화가 난 만해는 기자 손에 들려 있던 카메라를 빼앗아 내던져 버렸습니다.

일화 49
일제는 패망한다

"일제의 야망은 조선에 국한된 것이 아니라 장차 중국에까지 침략의 손
길을 뻗칠 것이다. 그러나 반드시 연합군에 항복하고 말 것이다."

3·1 운동으로 옥고를 치르고 나온 만해는 주위 사람들에게 늘 이렇게
설파했습니다.

과연 이 예측대로 일제는 1931년 만주사변을 일으키고 중국으로 침략
해 들어갔으나 결국은 연합군에 의해 패망하고 말았습니다.

역사를 통찰하는 혜안이 아니고서는 감히 그 때 이런 예측을 하기는
어려웠을 것입니다.

만주사변 滿洲事變 1931년 9월 18일 류타오후柳條湖 사건을 조작해 일본 관
동군이 만주를 식민지화하기 위해 벌인 침략 전쟁이다. 일본은 1932년 1월까
지 만주 전역을 점령한 뒤, 3월에는 괴뢰정권으로 만주국을 세웠다. 국제연맹
은 1933년 2월 보고서를 채택해 일본의 철병을 요구했으나 일본은 이를 거부
하고 국제연맹을 탈퇴했다. 만주사변은 1945년까지 계속된 중국과의 15년 전
쟁의 시작이며, 제2차 세계대전으로 이어졌다.

지식인의 지知는 치痴다

언젠가 만해는 이런 말씀을 하셨습니다.

"불법은 가장 존귀한 인생의 최고 목적이라. 전생에 복을 지어야 믿게
되는 것이다. 이는 물질이 아닌 귀중한 보물이기 때문에 사람마다 가질
수는 없다. 인류사상 유일무이한 대성大聖 부처님도 불능도무연중생不
能度無緣衆生이라고 말씀한 것과 같이 인연이 없는 사람에게는 신앙심을
주입하기 어려우며 지식인으로서 불법을 몰이해하고 취생몽사醉生夢死
하는 것은 큰 불행이다. 지식인 중에서도 박사 지위를 가진 사람들은 자
기의 지식만으로 만족하기 때문에 신앙을 주입시키기가 더욱 어려우니
지知가 도리어 치痴다. 치痴자를 파자하면 '역疒' 밑에 '지知'를 더한 것이
되니 아는 것이 병이다."

> **불능도무연중생 不能度無緣衆生** 인연 없는 중생은 구제하기 어렵다는 뜻. 무
> 연중생은 과거세에 이미 불보살과 인연을 맺은 적이 없는 중생을 말한다.

일화 51
고깔을 쓰지 말라

만해는 일본 법관 밑에서 변호사 노릇을 하는 것까지도 불쾌하게 여겼습

니다. 낭산朗山 김준연金俊淵이 변호사 자격이 있음에도 그것을 단념한 것을 보고 높이 평가했습니다.

"남들은 왜놈 고깔法帽을 쓰고 그 밑에서 돈을 벌지만, 낭산은 돈이 없으면서도 그따위 고깔은 쓰지 않으니 신통하군!"

일화 52
쌓아둔 것을 보았겠지

만해는 항상 말에 조리가 있고 당당하면서도 좀처럼 농담을 하거나 익살을 부리지 않고 침묵을 지켰습니다. 그러나 그 방棒은 유명하며 누구보다도 무게 있었습니다.

어느 날 장사동에 사는 설태희 옹 댁에 명사들이 모였습니다. 이야기에 꽃을 피우다가 고하古下 송진우宋鎭禹가 팔만대장경을 다 봤다고 호언장담하자, 옆에 있던 만해는

"고하가 보았다는 말은 팔만대장경을 쌓아 둔 것을 보았다는 말이겠지." 하고 넌지시 말했습니다. 이때 한자리에 있던 위당爲堂 정인보鄭寅普는 폭소를 터뜨렸습니다.

송진우 宋鎭禹 1887~1945, 호는 고하古下. 교육자. 언론인. 정치가. 1936년 베를린 올림픽에서 마라톤 우승자 손기정의 운동복에 새겨진 일장기를 지워

버린 사진을 동아일보에 게재한 사건으로 유명하다.

정인보 鄭寅普 1893~1950. 호는 위당爲堂. 역사학자. 교육자. 1913년 상하이에서 박은식, 신규식, 신채호, 김규식 등 많은 청년 애국지사들과 가깝게 지내며 비밀결사인 동제사를 조직해 독립운동에 투신했다. 1990년 건국훈장 독립장이 추서됐다.

일화 53
회심의 미소

일제 말기에 총독부와 그 앞잡이들은 더욱 가혹하게 한국인을 들볶고 온갖 탄압과 착취를 감행했습니다. 최후까지 희망을 품어보려던 인사들 사이에도 이제는 절망의 한숨소리가 더 높아갔습니다. 더러는 만해를 찾아와 탄식하기도 했습니다.

그러나 만해는 회심의 미소를 띠며,

"무리강포 無理強暴(도리나 이치에 맞지 않거나 정도에 지나치게 벗어남)는 자체미약 自體微弱(본래 바탕이 미미하고 약함)의 상징이니 반드시 망하는 날이 도래한다."라고 갈파하고, "부족우야 不足憂也(족히 우려할 바가 못 된다.)"라며 주위 사람들을 위로하였습니다.

일화 54
만해와 고속 윤전기

조선총독부의 악정이 거듭되고 있던 왜정 말기인 1940년 8월 10일, 총독 남차랑은 동아·조선일보에 폐간 명령을 내렸습니다.

동아일보는 당시 국내 제일가는 고속 윤전기를 쓰고 있었습니다. 그런데 항간에서는 이것을 다시 일본에 팔아 버린다는 소문이 떠돌았습니다.

이 소문을 들은 만해는 계동에 사는 인촌仁村 김성수金性洙를 찾아 갔습니다.

"인촌, 윤전기를 처분한다는 말을 들었는데, 왜 팔려고 하지요. 우리 마음대로 실컷 사용할 시기가 머지않아 찾아올 텐데, 어찌 그리 서두시오. 우리가 아주 절망의 지경에 이르렀을지라도 기념품으로 창고에 두는 것이 도리가 아니겠소. 그렇게 절망한다면 자살을 해야 하지 않겠소! 기계를 팔아야 할 만큼 그렇게 돈이 없는 거요?" 하고 강경하게 기계 팔려는 계획을 중단하도록 권고했습니다.

인촌은 "나는 몇 해 전부터 신문사 일체를 고하(송진우)에 일임하고 간섭하지 않고 있습니다." 라고 대답했습니다.

그 후, 불과 몇 년 만에 8·15 광복이 되니 동아일보에서는 윤전기가 없어 난처했습니다.

산송장을 죽여서 무엇 해!

1940년 무렵 총독부에서는 최악의 수탈 정책을 감행할 뿐 아니라 한글 폐지, 일본식 성명 강요, 징병 등을 강행하여 우리 민족을 일본화하려고 발악했습니다.

이 무렵 공주 마곡사 주지 만공은 31본산 주지회의의 기회를 틈타 총독을 자살刺殺할 계획으로 몰래 칼을 품고 다녔습니다.

하루는 만공이 심우장으로 만해를 찾아와 칼을 내보이며 총독을 기어코 찔러 죽이고 말겠다고 호언장담했습니다. 가만히 듣고 있던 만해는 만류했습니다.

"죽어가는 산송장을 죽여서 무엇 합니까? 더러운 업보만 쌓이게 되니 그만두시오." 하고 칼을 빼앗았습니다. 만공은 의아해서 물었습니다.

"아니 죽어가는 산송장이라니?"

"이제는 그놈들도 끝장이야. 얼마 안 가서 연합군에게 항복하고 말 거요. 그때 가서 스스로 목숨을 끊거나 사형을 받을 것이니 이제 죽을 날 받아 놓은 것과 매한가지야."

만해의 확신에 찬 충고를 듣고 만공은 머리를 끄덕였습니다.

그 뒤 만공은 서산 간월도에서 조선이 독립하게 해 달라는 천일기도를 시작했습니다. 그런데 우연이라기에는 너무나 감동적인 기적이 일어났습니다. 만공이 천일기도를 마치고 나온 날이 바로 1945년 8월 15일이었으니 말입니다.

이 사실을 전해 들은 당시의 인품 높은 선비, 산강재山康齋 변영만卞
榮晚 선생은 만공에게 달려가 스스로 제자 계를 받고 삼청三淸이라는 법
호法號를 받은 것으로 알려져 있습니다.

일화 56
애국자결일지라도

일제 말기인 1941년 총독부는 우리나라 사람의 호적까지를 고치기 위한
일본식 이름으로 바꾸도록 강요했습니다. 당시 10명 중 9명이 일본식 이
름으로 바꿨다는 보도가 매일신보에 발표된 것을 보고 격분 끝에 자결한
사람이 있었습니다. 이분은 애국지사요, 국문학자인 신명균申明均이었
습니다. 당시 병원에 입원하고 있던 그는 이 한심한 일본식 이름 보도를
보고 격분해 약을 먹고 스스로 목숨을 끊었던 것입니다.

만해는 이 애국 자결에 대해 이렇게 말했습니다.

"그분의 직절直節:곧은 절개은 찬양하지만 자살이란 종교상의 죄가 될 뿐
만 아니라 자기의 격분이나 비관이나 혹은 공포를 참지 못하는 심적 변화의
발로이니 높이 평가할 것은 못 된다. 나라를 잃고 자살한 것이 충이라 하나
이것은 비겁 자책 혹은 실망의 극치다. 예컨대 파산했다고 부모가 자살한다
면 그 유아들이 비참해지는 것과 같이 후인에게 불행을 주는 것이다."

일화 57
나 혼자라도 남겠다

일제는 연합군의 서울 공습에 대처한답시고 소위 소개疏開 : 한 곳에 집중
돼 있는 주민을 분산함라는 난동을 피웠습니다. 그리고 일제 당국의 책동으
로 많은 사람들이 피난을 떠났습니다. 그러나 만해는 "서울을 전부 소개
한다 해도 나는 혼자 남겠다. 연합군의 공습은 우리를 돕자는 것인데 일
본인들은 피난을 가더라도 우리는 남아서 오히려 환영해야 돼. 또 설사
폭격이 위험하다고 하더라도 오히려 텅 빈 서울에 남아 있는 것이 훨씬
안전해." 라며 끝까지 버텼습니다.

일화 58
단재와 만해

1936년, 만해와 몇몇 지인들이 단재丹齋 신채호申采浩의 묘비를 건립할
계획을 세웠습니다. 비문은 만해가 짓기로 하고, 글씨는 오세창이 쓰기
로 했습니다. 그러나 애국자에 대한 일제의 탄압이 극심했으므로 비문은
중지하고, 다만 '단재신채호지묘丹齋申采浩之墓'라고 새겨진 묘비를 단
재의 친척을 통해 세우게 했습니다.

　　그리고 1942년에는 단재의 유고『조선상고사』와『상고문화사』등을 간행
하기 위해 만해는 신백우, 최범술, 박광 들과 함께 사업에 착수 했습니다.

만해와 함께 단재의 문헌을 수집 간행하려던 최범술은 경남 경찰서 유치장에서 구금 생활을 하게 됐습니다. 만해는 최범술을 면회하기 위하여 생화生花 한 다발을 가지고 경찰서를 찾아 면회를 요구하였으나 거절되자, 갖고 갔던 꽃다발을 그들 앞에 뿌려버리고 말았습니다. 최범술이 출감한 뒤에 만해에게 자기가 갇혀 있을 때 왜 꽃다발을 가져 왔냐고 물었더니 입감된 것을 축하하기 위한 것이었다고 대답했습니다. 제자를 아끼는 만해의 진지하고도 격조 높은 사랑의 표현이었습니다.

일화 59
왜놈 기는 우리 집엔 없다

1943년, 만해가 입적하던 바로 전해였습니다. 일본 천황의 생일을 축하하는 천장절인 4월 29일에 동회 서기가 심우장을 찾아왔습니다.

"선생님, 저…., 오늘 조선 신궁에 좀 나가셔야겠습니다."

"난 못 가겠소."

"어째서 못 가십니까?"

"좌우간 못 가겠소."

"좌우간 못 가신다니, 그런 법이 어디 있습니까?"

"그런 법이라니, 그럼 왜놈은 법이 있어 남의 나라 먹었느냐!"

동회 서기는 찔끔했습니다.

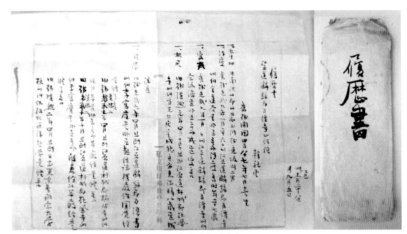
만해 자필 이력서

"그럼 기旗라도 다시지요."

"그것도 못하겠소. 왜놈 기旗는 우리 집에 있지도 않고⋯⋯."

동회 서기는 물러갈 수 밖에 없었습니다.

일화 60
호적 없는 일생

일제는 조선을 강제 합병한 뒤 처음엔 민적民籍, 그 후엔 호적법戶籍法을
시행했습니다.

만해는 처음부터 "나는 조선 사람이다. 왜놈이 통치하는 호적에 내 이

름을 올릴 수 없다." 고 완강하게 거절했습니다. 시집 『님의 침묵』에도 '나는 민적이 없어요' 라는 구절이 있듯이 평생을 호적 없이 지냈습니다. 그래서 만해가 받는 곤란은 한둘이 아니었습니다. 신변보호를 받을 수 없었던 것은 물론, 쌀이나 고무신 같은 배급에도 제외됐습니다.

그보다도 더 큰 문제는 귀여운 늦둥이 외딸 영숙이 학교를 다닐 수 없었던 점입니다. 아버지가 호적이 없으니 자식 또한 호적이 없는 것은 당연한 일이었습니다.

만해는 입적하는 날까지 "일본 놈의 백성이 되기는 죽어도 싫다. 왜놈의 학교에도 절대 보내지 않겠다." 하고는 집에서 손수 어린 딸에게 공부를 가르쳤습니다.

일화 61
저울추라는 별명

만해는 언제나 얼음장 같은 냉방에서 지냈습니다.

"조선의 땅덩어리가 하나의 감옥이다. 그런데 어찌 불 땐 방에서 편안히 산단 말인가." 하는 생각에서였습니다.

차디찬 냉돌 위에서 꼼짝 않고 앉아 생각에 잠기는 만해의 자세는 한 점 흩어짐이 없었습니다. 어찌나 꼿꼿했던지 만해에게 어느새 '저울추' 라는 별명이 생겼습니다.

만해는 차디찬 냉돌에 앉아서 독립과 선의 세계를 끝없이 더듬는 저울추였습니다.

일화 62
만해의 취미

만해는 늘 참선하고 독립운동하는 데 여념이 없었지만 몇 가지 취미를 가지고 있었습니다.

우선 금붕어 기르기를 무척 좋아했습니다. 강석주 스님은 "스님이 선학원에 계실 때 금붕어를 키우며 아침저녁으로 어항에 손수 물을 갈아 주었다."고 회고했습니다.

또 만해는 화초 가꾸기를 매우 즐겼습니다. 심우장 뜰에는 만해가 직접 가꾼 화초들이 가득해 봄부터 가을까지 꽃이 피지 않는 날이 없었으며, 화초는 매화, 난초 외에 개나리, 진달래, 코스모스, 백일홍, 국화 등이 있었습니다.

또 서화에도 취미가 있었습니다. 사실 만해의 붓글씨는 탈속한 일가를 이루고 있거니와 오세창, 김진우, 고희동, 안종원, 김은호 등의 서화가들과 매우 가까이 지냈습니다. 그의 집에는 오세창의 현판 글씨와 김은호의 그림 몇 점이 걸려 있었습니다. 만해가 한국 서화에 관한 글을 쓴 것도 이런 취미와 무관하지 않습니다.

어느 날 심우장에서 참선하고 있던 만해는 한 기자가 찾아왔을 때, 이렇게 자신의 생활을 털어놨습니다.

"내게는 고적孤寂이라든지 침울沈鬱이라는 것이 통 없지요. 한 달 내내 조용히 앉아 있어도 심심치가 않아요. 무애자재無礙自在하는 이 생활에서 무엇을 탓하며 무슨 불안을 느끼겠소……."

만해는 이런 달관의 경지에서 금붕어를 기르고 꽃을 사랑하며 서화를 즐겼습니다.

일화 63
물불, 더럽게 되었군

제2차 대전이 점점 치열해지던 1943년 무렵, 일제는 학병學兵이라는 이름으로 우리나라 청년, 대학생들을 군대로 끌어갔습니다. 이때 많은 저명인사가 학생 출정 권유를 위한 강연에 나서게 됐습니다. 당시 조선어학회의 물불 이극로李克魯도 일제의 강요에 못 이겨 학병 권유 연설을 하게 됐습니다. 그런데 어느 날, 어떤 회합 장소에서 만해가 물불을 만났을 때, "물불, 더럽게 되었군." 하고 말했습니다.

물불은 그 뜻을 알아채고 조선어학회를 살리기 위해 부득이한 일이라고 변명을 했습니다. 그러나 만해는 "어쩌면 그렇게도 어리석으오. 그것이 오래 갈 것이냔 말이오. 죽으려면 고이 죽어야 하지 않겠소!" 하고 충고했습니다. 물불은 아무 말 없이 머리만 숙이고 있을 뿐이었습니다.

이극로 李克魯 1893~1978, 호는 고루 혹은 물불, 국어학자, 정치인. 『조선 어
조 연구』, 『조선어 임자씨의 토』, 『조선어 단어 성립의 분계선』 등의 저서를 남
겼다. 1942년 10월 1일, 조선어학회 사건으로 검거돼 징역 6년을 선고받고 함
흥교도소에서 복역하다 1945년 광복으로 풀려났다. 1946년 건민회 위원장을
지냈고, 1948년 「남북 정당, 사회단체 연석회의」 참석차 평양에 갔다가 그대로
남아 북한에서 활동했다.

일화 64
비유가 풍부한 연설

만해는 독립운동을 하는 데는 물론이고 신앙생활에서도 무엇보다도 중
요한 것은 실천이라고 부르짖었습니다.

어떤 강연회에서는 "만일 좋은 이념을 갖고 있으면서도 실천을 하지
못한다면 그것은 좋은 씨앗이 있으면서도 심지 않고 봉지에 넣어 매달아
두는 것과 같다."며 실천의 중요성을 깨우쳤습니다.

일반적인 이야기로라도 남달리 풍부한 비유를 자유자재로 쓰기 때문
에 청중들에게 감명을 주고 쉽게 이해시킬 수 있었습니다.

만해를 스승으로 떠받드는 것은 그의 말이 진실하기 때문이기도 하지
만 민족의 큰 이념을 철저하게 실천한 분이기 때문입니다.

일화 65
엄격하고도 따뜻한 마음

만해는 늘 말이 없어 주위 사람들에게는 엄격한 인상을 주었습니다. 더구나 절개가 곧고 굳어서 조그만 잘못이나 불의도 용납하지 않았기 때문에 모두 그를 두려워했습니다.

그러나 엄격하면서도 따뜻한 면이 많았습니다. 심우장에는 만해의 말씀을 들으러 찾아오는 제자들이 많았습니다. 제자들은 종종 밤늦게까지 만해의 말씀을 듣다가 잠이 들곤 했는데, 새벽에 깨보면 어느 틈에 옮겨졌는지 아랫목에 가지런히 눕혀져 있을 뿐 아니라 이불이 잘 덮여 있었습니다. 하지만, 만해 자신은 윗목에서 꼼짝 않고 앉아 참선하는 것이 일쑤였다고 제자들은 회상했습니다.

일화 66
다비에서도 타지 않은 치아

만해가 입적하고 난 뒤, 유해는 불교의 관례대로 화장했습니다. 당시 홍제동 화장터는 일본인들이 경영하고 있었으므로 김동삼 선생의 장례를 치른 적이 있는 한국인이 경영하던 미아리의 조그만 화장터에서 유해 화장식이 조촐하게 엄수됐습니다.

이때 모든 뼈가 불탔으나 오직 치아만이 고스란히 남았습니다. 불가

망우리 만해 묘소 등록문화제 제 53호. 비문은 여초 김응현 선생의 광개토대왕비체로 각을 했다. 상석, 향로석, 비석이 배치돼 있다.

에서는 치아의 출현을 매우 귀하게 여기고 있으므로 모두 만해의 깊은 법력에 감복했습니다. 또 다른 한편으로는 독립이 되려는 길조가 아닌가 하는 희망에 깊이깊이 합장했습니다.

이 치아는 항아리에 담겨 유골과 함께 망우리 공동묘지에 안장됐습니다.

일화 67
사회 인사가 말하는 만해

일찍이 만해를 알고 지냈던 사회 인사들은 아래와 같은 이야기를 남겼습니다. 그들이 얼마나 만해를 흠모하고 존경했는지를 엿볼 수 있는 대목입니다.

1.

산강재 변영만은 '용운일신龍雲一身 도시담야都是膽也(용운의 한 몸은 모두가 간 덩어리)'라고 평했습니다.

2.

운양 김윤식은 「불교 유신론佛敎維新論」의 문장을 보고, "문체로 보나 사상으로 보나 근세에 짝을 찾기 어려운 글"이라고 평했습니다.

3.

월간지 「불교」에서 조선불교의 대표적인 인물에 대한 투표를 실시한 적이 있었습니다. 피 투표자는 조선인 승려에 한했으며 투표자는 아무나 할 수 있게 했습니다. 그 결과 만해가 422표로 으뜸이었고, 차점자는 18표를 얻은 방한암方漢岩 스님이었습니다. 나머지는 10표, 3표에 불과했습니다. 당시 만해가 불교계에서 차지하고 있던 위상을 짐작할 수 있습니다.

4.

송만공宋滿空 선사는 늘 "우리나라에는 사람이 귀한데 꼭 하나와 반이 있다." 라고 했습니다. 그런데 그 하나는 바로 한용운을 가리키는 것이었습니다. 나머지 반은 누구를 가리키는지 밝히지 않았습니다.

5.

위당 정인보는 "인도에는 간디가 있고, 조선에는 만해가 있다. 청년들은 만해 선생을 본받아야 한다." 라고 해 한때 유명한 이야기가 됐습니다.

6.

벽초 홍명희는 "7천 승려를 다 합하여도 만해 한 사람을 당하지 못한다. 만해 한 사람을 아는 것이 다른 사람 만 명 아는 것보다 낫다." 라고 했습니다.

7.

일본의 거물급 낭인浪人 두산만頭山滿은 만해가 입적했다는 소식을 듣고 그 자리에 있던 성재惺齋 김태석金台錫에게 "조선의 큰 위인이 갔다. 다시는 이런 인물이 없을 것이고, 지금 우리 일본에도 없다." 고 탄식했습니다.

성북동 만해공원에 있는 「님의 침묵」 시비

공원으로 조성된 홍성 만해 생가

백담사 기억의 돌탑
백담사를 찾아 온 관광객들이 계곡의 돌로 하나씩 탑을 쌓기 시작하면서 명소가 됐다.

2장

만해 생애 生涯

군들과 이제 헤어지면 언제 만날지는 알 수가 없다.

조국의 광복을 위하여 결연히 나선 우리는

아무 애碍(거리낌)도 없고,

포외怖畏(두려움)도 없다.

군들도 우리의 뜻을 동포 제위에게 널리 알려

독립 완성에 매진하라. 특히 군들은

서산 사명의 법손임을 굳이 기억하여

불교 청년의 역량을 잘 발휘하라.

성곡리의 천재 소년 '유천'

만해 한용운은 1879년 8월 29일, 충청도 홍주(지금의 충남 홍성군 결성면 만해로 318번길 83) 땅에서 한응준韓應俊의 둘째 아들로 태어났습니다. 본관은 청주, 어머니는 온양 방씨입니다. 어릴 때의 이름은 유천裕天, 호적의 이름은 정옥貞玉입니다. 흥선 대원군이 하야(1873년)하고, 강화도 불평등 조약(1876년)으로 조선에 일본인 거점이 생겨났습니다. 서양문물 도입을 놓고 조정 대신들 사이에 대립이 격화하면서 조선의 국운이 나날이 힘을 잃어가던 때였습니다.

유천은 6세쯤부터 서당에서 한학을 배우기 시작했습니다. 천자문을 시작으로 『대학』, 『통감』을 비롯한 동양의 고전을 체계적으로 익혔습니다. 이미 9살쯤에 『서상기』와 『통감』을 독파하고, 『서경』에도 능통할 정도의 실력을 쌓았다고 전해옵니다. 유천의 기억력과 이해력은 동년배들

만해 한용운 생가 홍성군 결성면에 있다. 1879년 이곳에서 태어났다.

을 훌쩍 뛰어넘어, 마을 어른들의 칭찬을 독차지한 천재 소년으로 소문
이 자자했습니다.

어린 유천이 어느 날 서당에서 『대학』을 읽다가 책 중간에 까맣게 먹
칠을 했습니다. 훈장 어른이 "책에 왜 그렇게 낙서를 하나!" 라고 질책했
더니, 유천은 "여기에 나오는 정자程子의 주해가 맘에 들지 않습니다."
라고 천연덕스럽게 답했다고 합니다.

그 무렵 조정에서 개화파 주도의 갑신정변(1984년)이 삼일천하로 끝

난 후일담이 충청도 땅에 퍼졌습니다. 법률로 나라를 안정시키고, 경제로 백성을 윤택하게 하라는 내용을 담은 박영효의 건백서建白書가 올려지고, 개화기 외국 문물을 따라 들어 온 자유민권사상이 퍼지면서, 조선 왕조의 운명이 바람 앞의 등불같이 흔들리기 시작했습니다. 당시 한응준은 아들 유천을 불러 놓고 세상 돌아가는 형편을 하나 둘 설명해 주었습니다. 유천의 할아버지는 훈율원 첨사, 아버지는 충훈부 도사를 지냈으나 유천이 태어날 무렵에는 '가난한 집'으로 불릴 만큼 가세가 곤궁했습니다.

집안은 가난했지만 아버지 한응준은 자식 교육에 열성이었습니다. 유천이 한학 공부에 빠르게 적응하며 깊이를 더해 간 데는 아버지의 훈육이 큰 작용을 했습니다. 아버지는 수시로 당시 국내외 정세와 역사적으로 큰 발자국을 남긴 의인걸사義人傑士들의 삶을 자상하게 들려줬습니다. 유천은 훗날, 아버지로부터 받은 지적인 영감을 이렇게 적었습니다.

선친은 서책을 보시다가 가끔 어린 나를 불러 놓고 역사상에 빛나는 의인걸사의 언행을 가르쳐 주시며, 또한 세상 형편과 국가 사회의 모든 일을 알아듣도록 타일러 주었다. 이러한 말씀을 한두 번 듣는 사이 내 가슴에는 이상한 물결이 일어나고, 나도 의인걸사와 같은 훌륭한 사람이 되었으면 하는 생각이 떠오르곤 했다.

한학을 배우면서 얻은 지식은 불교 교리에 대한 깊은 이해와 세계정세의 흐름을 습득하는 밑거름이 됐습니다.

유천은 14살이 되던 1892년에 전정숙과 결혼했습니다. 당시의 풍습대로 부모가 정한 혼인이었습니다. 18살이 되던 1896년에는 고향 마을 서당의 훈장이 돼 아이들을 가르치면서, 한편으로는 한학에 대한 정진을 계속 이어갔습니다. 이때까지는 세속의 삶을 이어가는 평범한 청년이었습니다.

유천이 유년기에서 소년기를 거쳐 결혼하고 청년으로 성장해 가던 시절, 이 땅에는 동학혁명, 명성황후 시해, 단발령, 영국군 함대의 거문도 점령 같은 여태 경험하지 못했던 엄청난 사건들이 꼬리를 물고 이어졌습니다. 거의 동시에 서구 열강의 침략 기운도 물밀듯 밀려들어왔습니다.

봉건 지배 계층은 밀려오는 열강 세력을 등에 업고 저마다 일가와 파당의 이익과 안전을 도모하는 데 혈안이 됐습니다. 여기에 저항하는 민중의 요구는 그만큼 더 커지는 갈등과 모순의 대혼란기로 접어들었습니다.

1894년, 전북 고부에서 동학농민혁명이 일어났습니다. 그 기세는 삽시간에 정읍, 김제, 전주를 함락시켰습니다. 전라도를 휩쓴 동학군은 충청도로 몰려왔고, 홍성 땅도 농민전쟁의 소용돌이에 빠져들었습니다. 조정에서는 유천의 아버지인 전 충훈부도사 한응준을 다시 등용하라는 전령을 내렸다고 전해집니다. 동학농민군의 항쟁을 스스로의 힘으로 제압할 수 없던 조정은 청나라에 구원병을 청했습니다. 조선에서 세력을 강화할 기회를 엿보던 청나라는 3천명의 병력을 아산만에 상륙시켰습니

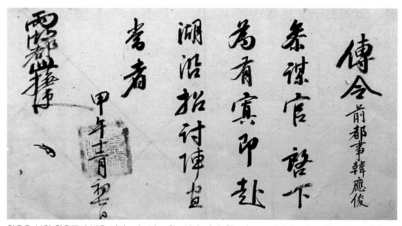

한용운 부친 한응준이 받은 전령 갑오년 12월 7일자 전령. 참모관으로 임명됐으니 즉시 호연초토진영으로 오라는 내용이다.

다. 호시탐탐 조선을 집어 삼킬 기회를 노리던 일본도 일본인 보호라는 명목으로 군함 7척과 7천명의 대규모 병력을 인천에 상륙시켰습니다. 아산에서 일본군의 선제공격으로 청일전쟁이 벌어지고, 이 땅은 외국군에게 짓밟히는 참극의 무대가 되고 말았습니다. 하지만 조선 조정으로서는 이들 외국군을 통제할 능력이 없었습니다.

1895년, 황후가 일본 낭인들에 의해 무참하게 살해되는 명성황후 시해사건이 발생했습니다. 신변에 위협을 느낀 고종은 러시아 공사관으로 피신했습니다. 단발령이 내려져 민심은 더욱 흉흉해졌습니다. 급기야는 나라가 망한다는 소문까지 나돌았습니다. 전국에서 이에 항거하는 의병

운동이 잇따랐습니다. 유천은 더 이상 산골에 묻혀 있을 때가 아니라고 여겼습니다. 의인걸사가 되라는 아버지의 가르침도 그의 심중을 움직였습니다.

1896년 충남 홍주에서 의병 운동이 일어나자, 유천은 이 항거에 투신했습니다. 김복한, 이설, 임한주 등이 일으킨 홍주 의병 의거 당시, 농민군 일각의 지휘자가 되어 홍주 호방戸房홍성관고을 습격하고 1천 냥의 군자금을 탈취한 것으로 전해지고 있습니다. 유천의 아버지와 형은 민종식과 함께 정산에서 의병을 일으켜 남포와 홍주를 점거하였으나 결국 패하여 사망한 것으로 알려졌습니다.

고뇌의 시기, 고향을 등지다

민중 저항의 물결은 유천에게 있어서나, 홍주 농민 대중에게 있어서나 한스러운 불발탄이었습니다. 의병운동은 실패했고, 유천은 고향을 등지고 도피의 길에 나설 수밖에 없었습니다. 1897년, 유천이 19살 되던 해의 일입니다.

유천의 머릿속은 시국에 대한 분노, 삶에 대한 회의, 나라에 대한 걱정이 복잡하게 뒤섞였습니다. 혼란스러웠습니다. 모험심 강한 유천은 가만히 앉아서 상황이 해결되기를 기다릴 수 없었습니다. 결국 집을 나왔습니다. 그리고 "한양에 가면 무슨 방도가 있겠지"라는 막연한 생각으로 한양을 향해 무작정 발걸음을 재촉했습니다. 하지만, 세상은 그렇게 만만치 않았습니다. 집을 나선 지 며칠 만에 노독이 쌓이고, 굶주림에 지쳤습니다. 무엇을 어떻게 해야 할지 갈피를 잡지 못한 채 발걸음이 점점 무거워졌습니다. 그러기를 며칠 더, 배고픔에 지쳐 수원의 어느 주막에 들렀습니다. 그날 밤, 유천은 잠을 이루지 못하고 삶에 대한 깊은 회의와 번민에 빠져들었습니다.

한학 외는 아는 것이 없는 적수공권, 자신의 처지와 막막한 앞날에 대한 걱정이 파도처럼 밀려왔습니다. 이런 심정을 유천은 훗날 스님이 돼서 이렇게 적었습니다.

빈손에 한학의 소양밖에 없는 내가 무슨 힘으로 나랏일을 도우며 큰일을 이룰 수가 있단 말인가. 한양만 가면 모든 것이 해결된단 말인가? 인생이란 덧없는 것이 아닌가? 밤낮 근근자자 勤勤孜孜 매우 부지런하고 꾸준함 하다가 생명이 가면 무엇이 남는가? 명예인가? 부귀인가? 결국 모든 것이 공이 되고 무색하고 무형한 것이 되어 버리지 않는가. 나의 회의는 점점 커졌다. 나는 이 회의 때문에 머리가 끝없이 혼란해 짐을 깨달았다. 에라! 인생이란 무엇인지, 그것부터 알고 일하자!

유천은 한양으로 가던 발걸음을 멈췄습니다. 그리고 속세와 연을 정리할 수 있다고 생각했던 충북 보은 속리산으로 발길을 돌렸습니다. 그곳에서 강원도 오대산 월정사에 훌륭한 도사가 있다는 말을 듣고 다시

백담사 일주문 만해는 이곳에서 연곡 스님으로부터 비구계를 받았다.

월정사로 향했습니다. 훌륭한 도사를 만나 인생이 무엇인지 듣고 싶었습니다. 그렇지만 월정사에서도 그 훌륭하다는 도사는 만날 수 없었습니다. 유천은 다시 강원도 설악산 백담사를 찾았습니다. 비탄 속에 새로운 삶의 좌표를 찾아 헤매는 고뇌의 방황이 시작된 것입니다. 이때의 처절한 좌절과 안타까운 심연을 수기 「생명」에서 이렇게 기록했습니다.

돛과 키를 잃고 거친 바다를 표류하는 작은 생명의 배는 아직 발견도 아니 된 황금의 나라를 꿈꾸는 한 줄기 희망이, 나침반이 되고 항로가 되고 순풍이 되어서 물결의 한끝은 하늘을 치고, 다른 한 끝은 땅을 치는 무서운 바다에 배질합니다.

유천은 백담사에 몸을 맡긴 채 절집 생활에 서서히 빠져들었습니다. 빨래하고 장작패고 밥 짓는 불목하니로, 혹은 탁발승 노릇도 하면서 불문에 점점 깊이 발을 들여놓게 됐습니다. 그의 인생 항로는 이미 정해진 곳으로 가는 운명의 길이었고, 그렇게 7년의 세월이 훌쩍 흘렀습니다.

1904년 봄, 26세 때 유천은 고향 홍성에 내려가 잠시 머물렀습니다. 이때 부인이 임신했습니다. 부인이 아이를 가진 사실을 알게 된 그해 여름, 만해는 또 집을 나서 백담사로 향했습니다. 그리고 다시는 고향 집으로 찾아 가지 않았습니다. 1904년 12월 21일에 아들 보국이 태어났습니다. 보국은 한국전쟁 이후 북한에서 살다가 사망했고, 보국의 후손이 현재 북한에 살고 있는 것으로 전해졌습니다.

연곡 스님을 은사로 모시다

1905년 1월 26일, 유천은 백담사에서 김연곡金連谷 스님을 은사로, 영제 永濟 스님을 계사로 비구계를 받고 정식으로 승려가 됐습니다. 계명은 봉완奉玩, 법명은 용운龍雲, 법호가 만해萬海였습니다.

계를 받고 난 뒤 불교에 정진하는 만해의 자세는 이전과 확연히 달라졌습니다. 백담사에서 오세암을 오르내리며 당시 오세암 장경각에 쌓여 있던 수많은 불교 경전을 독파하는데 무섭게 몰두했습니다. 4백 년 전 매월당 김시습이 빠져들었던 그 장경각, 그 대장경입니다. 어린 시절 홍주 성곡리에서 신동이라 불리며 익혔던 한학이 그의 경전 공부에 큰 힘이 된 것은 당연했습니다.

불교경전을 통해 새로운 가치관을 세워가던 만해는 학암 鶴巖 스님을 모시고 기신론, 능엄경, 원각경 등을 공부했습니다. 무궁한 불법의 진리에 빠져들면서 불심은 더욱더 깊어졌습니다. 1907년에는 금강산 초입 건봉사에서 선禪수업에 정진했습니다. 1908년에는 금강산 유점사 월화 月華 스님에게서 화엄경을 공부했습니다. 백담사, 오세암, 건봉사를 오가며 경전을 섭렵하고, 선 수행에 집중하며 불가의 깊고 넓은 깨침의 세계를 체득했습니다.

영환지략, 새로운 세계를 만나다

어느 날, 은사 연곡 스님은 스님에게 두 권의 책을 건네줬습니다. 『영환지략 瀛環志略』과 『음빙실문집 飲氷室文集』입니다. 『영환지략』은 청나라 서계여 徐繼畬가 1850년에 간행한 세계 지리책으로, 아시아, 유럽, 아메리카, 아프리카 대륙에 대한 광범위한 지리적인 지식이 수록돼 있습니다. 조선말, 초기 개화파 오경석이 들여와 우리나라 근대 개화사상에 큰 영향을 미친 책으로 꼽힙니다. 『음빙실문집』은 청나라 말기 중국 개혁가 양계초가 지은 계몽사상서로 다윈의 『종의 기원』처럼 '적자생존과 우승열패'의 원리를 담고 있다고 합니다.

이 두 권의 책은 스님에게 세계에 대한 인식의 지평을 크게 넓혀 줬습니다. 당시 지식인들의 일반적인 세계관은 조선과 일본, 중국과 만주, 러시아

정도가 전부였습니다. 이들 나라 외에도 인도, 아메리카, 유럽, 아프리카라는 새로운 세계의 사정을 알게 했습니다. 또 칸트나 베이컨 같은 서양 근대 사상가들의 삶과 그들이 살았던 사회, 그들의 사상을 익힐 수 있도록 인도했습니다.

이 책에서 자극을 받은 만해는 이제 산중에 묻혀 경전만 읽을 것이 아니라 넓은 세상을 직접 답사하고 체험하겠다는 마음을 먹었습니다. 담력이 세고 모험심이 강했던 스님은 금강경과 옷 몇 벌, 그리고 가사 한 벌을 담은 걸망을 짊어지고 세계여행의 장도에 올랐습니다. 그 첫 대상지가 러시아 동해연안에 있는 해삼위海參崴 블라디보스토크였습니다.

해삼위에서 당한 뜻밖의 '봉변'

1905년 음력 11월 초순 백담사를 나왔던 만해는 이듬해 봄 원산항에서 연해주 해삼위로 가는 배를 탔습니다. 만해는 여행길에서 두 명의 승려를 만나 동행하게 됐습니다. 한 명은 백담사 출신의 승려였고, 또 다른 한 명은 금강산 마하연의 승려였습니다.

해삼위 어느 항구에 도착한 만해 일행은 근처 여관에 숙소를 잡았습니다. 그런데 뜻밖에도 숙소에 여장을 풀자마자 엄청난 난관에 봉착했습니다. 숙소 문밖으로 요란한 발자국 소리가 나더니 양복 차림의 청년과 장년 10여 명이 신발을 신은 채로 방에 들어왔습니다. 그들은 일제히 똑같은 모양의 짧은 몽둥이를 들었습니다. 그들 중의 건장한 사람이 만해의 앞에 나와 쭈그리고 앉더니 눈을 부라리며 "너희 다 누구냐?"고 물었습니다.

"우리는 중이요."

"중은 무슨, 일진회 회원이지?"

"아니오. 우리의 의관이나 행장을 보면 알 것 아니오."

"그러면 모를 줄 아느냐. 정탐하기 위하여 변장하고 온 것이지."

만해는 보따리를 풀어 보였습니다. 보따리 속에는 옷가지와 금강경 1 부, 가사 한 벌이 나왔습니다. 그들이 여러 가지로 묻고 괴롭히는 사이에 밤이 깊었습니다. 그들은 내일 처치하겠다며 여관 주인을 불러 만해 일행을 도망치지 못하도록 감시하라는 말을 남기고는 돌아갔습니다.

'내일 처치'라는 말은 내일 죽인다는 뜻이었습니다. 만해 일행은 사형 선고를 받고 감금을 당한 셈이었습니다. 만해는 집행을 기다리는 사형수처럼 밤을 지냈습니다. 만해는 여관 주인으로부터 그들 무리를 대표하는 자가 엄인섭이라고 들었습니다. 엄인섭은 러시아에서 태어난 조선인으로, 러시아 교육을 받고 군인으로 다소의 전공을 세워, 해삼위 일대에서 거주하는 조선인 중에서는 우두머리 노릇을 한다고 했습니다. 만해는 다음 날 새벽에 '죽기 아니면 까무러치기'라는 심정으로 여관 주인을 데리고 곧바로 엄인섭을 찾아 갔습니다. 잠옷 차림으로 만해를 맞은 엄인섭은 다소 놀라는 기색으로 무슨 일이냐고 물었습니다. 만해는 "죽기 전에 유언이 있어 왔소." 라고 말했습니다. 엄인섭은 "유언? 무슨 유언인가?" 라며 이상한 눈빛으로 만해를 빤히 쳐다봤습니다.

"당신이 사람을 죽일 때 바다에 갖다 넣어서 죽인다는데 나는 바다에 넣지 말고 거저 죽여서 백골은 고국에 갖다 묻어 달라는 말이요." 라며 만해가 목소리를 높였습니다. 물론 만해의 진의는 아니었고, 엄인섭을 설득하기 위해 꺼낸 말이었습니다. 만해는 해삼위에 온 이유를 사실대로 이야기하고 얼마간 시간이 흘렀습니다. 엄인섭은 만해를 데리고 동네 어느 노인의 집으로 갔습니다. 여관 주인은 이노야李老爺의 집인데, 그는 이장과 같은 사람으로 동네의 일을 처리하는 데 중요한 결정을 한다고 귀띔해줬습니다.

노야는 만해를 불러 해삼위에 온 이유와 그 간의 경위 자세히 물었습니다. 만해는 사실대로 차근차근 설명했습니다. 꽤 시간이 흐른 뒤 노야는 아무 일 없을 테니 안심하라고 일러줬습니다. 옆에서 이야기를 듣던 엄인섭은 만해에게 곧 뒤따라 갈 테니 먼저 여관으로 가서 기다리라고 했습니다. 만해는 죽었다 살아난 기분을 느꼈습니다. 얼마 후 엄인섭이 혼자 찾아와서 만해 일행을 위로하고, 해삼위 전 지역이 위험한 곳이니 서둘러 돌아가라고 일렀습니다.

하지만, 아직 끝난 것이 아니었습니다. 만해는 해삼위 항구나 구경할 생각으로 여관을 나와서 항구의 백사장을 걸었습니다. 근방에는 러시아인, 중국인, 조선인이 비슷한 비율로 살고 있었습니다. 그런데 양복 차림의 조선인 청년 5~6명이 만해 앞으로 다가 왔습니다. 그들은 "네가 어젯밤 배에서 내린 사람이지?" 라며 다짜고짜로 만해를 붙잡았습니다. 만해는 엄인섭과 노야를 만난 일 등을 말했지만 소용없었습니다.

그들은 만해를 바다 쪽으로 끌고 갔습니다. 만해는 완력으로 저항하기 시작했고, 모래밭에서 격투가 벌어졌습니다. 멀찍이서 이 광경을 보고 있던 중국인이 다가와 싸움을 말렸지만 소용이 없었습니다. 만해로서는 생사를 건 격투가 이어지는 가운데 한참 뒤 러시아 경관 2명이 달려와 조선 청년들을 제지하고서야 격투는 멈췄습니다.

만해는 중국인 청년으로부터 그곳의 사정을 자세히 들을 수 있었습니다. 세계여행을 하겠다며 치밀한 사전 준비 없이 무작정 해삼위에 왔던 만해는 난감했습니다. 기차를 타고 유럽으로 가고 싶었지만 무일푼, 걸어가다가는 또 어떤 봉변을 당할지 모르는 상황이었습니다. 오직 돌아오는 길 밖에는 선택의 여지가 없었습니다.

만해는 목선을 타고 50리 바다를 건너면 육로로 고국으로 돌아가는 길이 있다는 말을 들었습니다. 그들은 이리저리 수소문 끝에 목선을 구해 타고 바다를 건너고 여러 날 만에 두만강을 건너 고국 땅으로 돌아왔습니다. 만해에게 해삼위에서의 하룻밤은 잊을 수 없는 여행이었습니다.

해삼위에서 돌아온 만해는 금강산 인근의 강원도 안변 석왕사에서 울적한 심사를 달래며 참선공부에 매달렸습니다. 강원도 고성의 건봉사에서 수선안거를 성취하며 선 공부에 정진하던 직전의 시기였습니다.

일본에서 신식 문물을 접하다

만해가 연해주에서 큰 봉변을 당하고 선 수행에 몰두하고 있을 무렵 조선은 완전히 일본인 세상이 되어가고 있었습니다. 세상은 급격하게 변해 갔습니다. 새로운 지식과 다른 세상에 대한 만해의 호기심은 조금도 줄지 않았습니다. 만해는 국내의 사정부터 알아야 되겠다는 생각으로 서울로 들어갔습니다. 서울 여기저기에서 세상의 변화를 실감했습니다. 서양의 각종 문물이 일본을 통해서 들어온다는 사실도 알게 됐습니다.

만해는 일본에 가 봐야겠다고 마음 먹었습니다. 1908년 4월, 일본으로 건너갔습니다. 6개월 간의 여정으로 시모노세키를 거쳐 도쿄, 교토 등을 여행했습니다. 도쿄 일본 조동종 대학에서 3개월 간 일본 말과 불교와 서양철학을 공부했습니다. 도쿄에 머무르는 이 기간에 3·1 운동 과정에서 밀접하게 협력했던 최린을 만났습니다.

일본에서 새로운 문물을 접할수록 상대적으로 뒤떨어진 조국의 실상이 떠올라 마음이 불편해졌습니다. 뒤처진 현실이 원망스럽고, 속절없이 지나는 세월이 안타깝기도 했습니다. 일본을 떠나기 전 비 오는 어느 가을밤, 만해는 울적한 심사를 담은 시 한 수를 남겼습니다.

영웅도 못 배우고, 신선도 못 배우고

뜻 못 이룬 채 이 가을도 가는구나.

등불에 희끗희끗 비치는 머리칼

어설픈 세월 속에 벌써 삼십이 되었구나.

－「추야청우유감 秋夜聽雨有感」

만해는 일본인들이 현대문명으로 만든 기계를 수입하고 익혀 조선 땅으로 밀고 들어가는 것으로 목격했습니다. 그들은 하나같이 손에 측량 기계를 들었습니다. 조선 땅으로 들어가는 측량 기계가 토지 수탈의 도구로 쓰일 것은 뻔한 일이었습니다. 당시 첨단 기술인 측량술을 공부한 일본인들이 조선에 들어와서 하는 일은 바로 토지 수탈 작업이었습니다.

토지 개념이 희박했던 이 땅의 농민들은 조상 대대로 물려받은 땅에 전통적인 방식으로 농사만 지으면 된다는 생각이 고작이었습니다. 일본인들은 토지를 측량해 주겠다고 하면서 3천 평을 2천5백 평이라고 기록해 놓고, 몇 년 후에 다시 와서는 국가 땅을 허락 없이 더 경작해왔으니 세금을 내라는 식으로 토지를 수탈했습니다. 농민들은 눈 뜨고 당할 수밖에 없었습니다.

만해는 서둘러 측량학을 공부하고, 6개월간의 일본 생활을 청산한 뒤, 1908년 10월, 측량 기계를 들고 서울로 돌아왔습니다. 만해는 12월에 서울 청진동에 경성명진측량강습소를 개설해 측량술을 강의하며, 새로운 문물인 토지 측량에 대한 인식을 확산시키는 가운데 사찰이나 개인 땅을 지키는 데 앞장섰습니다.

만해는 일본 여행을 통해 시대의 흐름을 읽어내는 큰 자산을 얻었습니다. 몸소 겪은 체험과 식견을 통해서 변화하는 세계를 알았고, 신문물로 유행하던 근대지식을 흡수했습니다. 만해가 조선불교의 현상에 대한 새로운 비판 안목을 혁신적으로 다듬어 나갈 수 있었던 데는 이런 외부 세계의 자극이 밑바탕이 됐습니다.

국운은 풍전등화에 내몰리고

그 무렵 조선 곳곳에서 의병들이 봉기하여 일제와 치열하게 싸우고 있었습니다. 1905년 일제의 강압적인 을사늑약 체결로 조선은 국가로서의 권위를 잃었습니다. 국제사회에 일제의 만행을 고발하기 위해 헤이그에 몰래 파견됐던 이준, 이상설, 이위종, 세 명 밀사의 임무가 무위로 끝나면서 이준이 자결했습니다. 일제는 헤이그 밀사 파견을 이유로 고종황제를 퇴위시키고, 순종에게 강제로 황제를 양위하게 했습니다.

1907년 7월, 황제 양위 소식이 알려지면서 서울에서 2천여 명의 군중이 격렬한 시위를 벌였습니다. 성난 군중들은 이완용을 비롯한 친일파의 집에 불을 질렀습니다. 항일운동 탄압을 목적으로 보안법이 제정됐습니다. 8월에는 조선의 군대가 아예 해산됐습니다. 당시 8천 명 정도의 병력을 유지하던 조선 군대는 무기력했습니다. 조선 정부는 완전히 허수아비로 전락했습니다. 군대 해산 과정에서 저항하던 일부 병력은 전국으로 흩어져 각지의 의병에 합류했습니다. 1907년 12월, 경기도 양주에서는 이인영, 허위 등을 중심으로 13도 창의군이 결성되고, 1908년 1월 의

병부대가 서울 진공 작전에 나섰으나 일본군의 선제공격으로 패배하고 말았습니다. 한반도의 정세는 날로 악화되고, 국운은 풍전등화의 위기로 내몰렸습니다. 안중근(1879. 9. 2~1910. 3. 26)은 1909년 10월 26일 하얼빈 역에서 이토 히로부미를 사살했습니다. 이 소식을 접한 만해는 시 '안해주安海州'를 읊었습니다.

> 만 섬의 끓는 피여! 열 말의 담력이여!
> 벼르고 벼른 기상 서릿발이 시퍼렇다.
> 별안간 벼락 치듯 천지를 뒤흔드니
> 쏟아지는 총탄 속에 늠름한 그대 모습이여!
>
> — 「안해주安海州」

1910년 8월 29일, 대한제국과 일본제국 사이에 합병조약이 강제로 체결됐습니다. 경술국치입니다. 대한제국은 완전히 국권을 상실했습니다. 2천만 민족의 분노는 최고조에 달했습니다. 장지연은 황성신문에 「시일야방성대곡」이라는 제목의 사설을 실어 울분을 토했습니다. 나라 잃은 치욕에 분을 못 이긴 선비 매천 황현1855. 12. 11~1910. 9.은 스스로 목숨을 끊었습니다. 만해는 이를 기리는 시 '황매천黃梅泉'을 지었습니다.

> 의로움에 따라 나라 위해 죽으니
> 만고의 그 절개 꽃 피어 새로 우리

다하지 못한 한은 남기지 마소서

그 충절 위로하는 사람 많으리라

－「황매천黃梅泉」

죽다가 살아난 만주에서의 여정

1911년 가을, 만해는 무거운 마음으로 국경을 넘어 만주로 발길을 옮겼습니다. 만주에는 한국인은 물론 중국, 일본, 만주, 러시아인이 뒤섞여 복잡한 정국을 형성하고 있었습니다. 걸핏하면 마적떼가 나타나 닥치는 대로 목숨을 빼앗고 재물을 약탈했습니다. 수많은 독립지사들은 이곳에 망명해 그들과 경쟁하며 무력으로 독립을 쟁취하기 위해 힘을 키우고 있었습니다. 이시영, 이동녕, 이상룡 등은 서간도에 삼원보라는 독립운동 기지를 세웠습니다. 1911년에는 군사훈련을 위한 신흥무관학교가 설립됐습니다. 1914년에는 이상설, 이동휘 등이 연해주에 대한광복군 정부를 세우고, 독립군을 조직해 무력항쟁을 계획하고 있었습니다. 이런 독립군 양성소에는 앞선 시기 조선 군대 해산 과정에서 좌절한 병력이 적지 않게 가담했습니다. 만해는 그곳에서 독립운동하는 동포들을 만나 망국의 설움을 서로 달래고, 나라 찾는 일을 도모해 보려는 의도였습니다.

하지만 만주에서도 만해의 여정은 순탄치 않았습니다. 이 날도 독립운동 지역을 돌아보며 그들을 격려할 요량으로 중국 지린성의 백두산 서

남쪽 통화현에 있는 굴라재라는 고개를 넘어가고 있었습니다. 몇몇 청년들이 만해의 뒤를 따라왔습니다. 독립투사였던 이 청년들은 허술한 승려 차림의 만해를 일본 밀정으로 오해하고 있었습니다. 언제나 경계가 삼엄한 망명지 독립군 기지에 사전 연락이나 특별한 소개장 없이 불쑥 나타난 승려 차림의 만해를 순수한 독립지사로 믿을 수 없었기 때문입니다. 만해가 인적 없는 고갯마루의 울창한 숲길을 지나갈 때입니다. 뒤따르던 청년이 만해를 향해 총을 쐈습니다. 총격을 받은 만해는 쓰러졌습니다.

피투성이 혼수상태에서 만해는 아리따운 여인으로 현신한 관세음보살을 만났습니다. 관세음보살의 인도로 아랫마을까지 간신히 기어온 만해는 중국인 마을에서 응급 진료를 받고 다시 근처 조선족 마을로 옮겨가 수술을 받았습니다. 마취도 하지 않은 상태로 살을 째고, 으스러진 뼈를 제거하고, 긁어내는 수술을 받으면서 육신의 아픔이 나라 잃은 슬픔에 비교될 것인가를 생각했습니다. 그러면서 온갖 모욕과 번뇌를 참아내고 원한을 일으키지 않는 인욕바라밀을 몸소 체험한 기회로 삼았습니다.

일이 잘못됐다는 걸 알게 된 그 청년들이 찾아와 사죄했을 때, 만해는 조선의 혼을 간직하고 있다며 오히려 그들의 기개를 칭찬하고, 만주의 동포들을 조직하고 교육시키는 데 온 힘을 다하라고 격려했습니다. 만해는 훗날 수필 「죽다가 살아난 이야기」를 통해서 그 당시 이야기를 담담하게 털어놨습니다.

그것도 벌써 20년 전의 일이니 기억조차 안개같이 몽롱하다. 조선 천지에 큰바람과 큰비가 지나가고 일한이 합병되던 그 이듬해 가을인가 보다. 몹시도 덥던 더위도 사라지고, 온 우주에는 가을 기운이 새로울 때였다. 금풍은 나뭇잎을 흔들고 벌레는 창 밑에 울어 멀리 있는 정인의 생각이 간절할 때이다.

이때 나는 대 삿갓을 쓰고 바랑을 지고 짧은 지팡이 하나를 벗삼아 표연히 만주길을 떠났었다. 조선에서 시세가 변한 이후로 조선 사람이 사랑하는 조국에서 살기를 즐기지 않고, 그 무슨 뜻을 품고 오라는 이도 없고 오기를 바라는 사람도 없는 만주를 향하여 남부여대로 막막한 만주벌판으로 건너가는 사람이 많았다. 그중에는 고국에서 먹고 살 수 없어 가는 사람도 있었고, 또 그 무슨 뜻을 품고 가는 사람도 많았다. (중략)

어느 가을날이었다. 만주에서도 무섭게 두메인 어떤 산촌에서 자고 오는데 나를 배행한다고 2~3명의 청년이 따라나섰다. 그들은 모두 20세 안팎의 장년인 조선인들이며, 모습이나 기타 성명은 모두 잊었다. 길이 차차 산골로 들어 굴라재라는 고개를 넘는데, 나무는 하늘을 찌를 듯이 들어서 백주에도 하늘이 보이지 아니하였다. 길이라고는 풀 사이라 나무꾼들이 다니는 길같이 보일락 말락 하였다. 이러자 해는 흐리고 별안간 황혼 때가 된 것 같이 캄캄하였다.

이때다! 뒤에서 따라오던 청년 한 명이 별안간 총을 놓았다! 아니, 그때 나는 총을 놓았는지 몰랐다. 다만 '땅' 소리가 나자 귓가가 선뜻하였다. 두 번째 '땅' 소리가 나며 또 총을 맞으매 그제야 아픈 생각이 난다. 뒤미처 또 총 한 발을 놓는데 이때 나는 그들을 돌아다보며 그들의 잘못을 호령하려 하였다. 그리하여 여러 말로 목청껏 질러 꾸짖었다. 그러나 어찌한 일이냐? 성대가 끊어졌는지 혀가 굳었는지 내 맘은 할 말을 모두 하였는데 하나도 말은 되지 아니하였다. 아니 모기 소리 같은 말소리도 내지 못하였다. 피는 댓줄기 같이 뻗치었다. 그제야 몹시 아픈 줄을 느끼었다.

몹시 아프다. 몸 반쪽을 떼어 가는 것같이 아프다! 아! 몹시 아픈 것이 별안간 사라졌다. 그리고 지극히 편안하여진다. 생에서 사로 넘어 가는 순간이다. 다만 온몸이 지극히 편안한 것 같더니 그 편안한 것까지 감각을 못 하게 되니, 나는 이때 죽었던 것이다. 아니! 정말 죽었던 것이 아니라 죽는 것과 같이 기절을 하였던 것이다.

평생에 있던 신앙은 이때 환체를 나타낸다. 관세음보살이 나타났다. 아름답다! 기쁘다! 눈앞이 눈이 부시게 환해지며 절세의 미인! 이 세상에서는 얻어 볼 수 없는 어여쁜 여자가 섬섬옥수에 꽃을 쥐고, 드러누운 나에게 미소를 던진다. 극히 정답고 달콤한 미소였다. 그러나 나는 이때 생각에 총을 맞고 누운 사람에게 미소를 던짐이 분하기도 하고 여러 가지 감상이 설레었다. 그는 문득 꽃을 내게로 던진다! 그러면서 "네 생명이 경각에 있는데 어찌 이대로 가만히 있느냐?" 하였다.

나는 그 소리에 정신을 차려 눈을 딱 떠보니 사면은 여전히 어둡고 눈은 내둘리며 피는 도랑이 되게 흐르고, 총 놓은 청년들은 나의 짐을 조사하고, 한 명은 큰 돌을 움직움직하고 있으니 가져다가 아직 숨이 붙어있는 나의 복장에 안기려 함인 듯하다. 나는 새롭게 정신을 차렸다. 피가 철철 흐르는 대로 오던 길로 되짚어가게 되었다. 그들이 나의 피 흘린 자국을 보고 따라올 때 내가 쫓기는 길로 간 흔적이 있으면 그들이 더 힘써 따라올 것이요, 도로 뒤로 물러난 것을 보면 안심하고 빨리 쫓지 아니하겠기에 그들을 안심시키고 빠져나가자는 한 계책이었다.

한참 도로 가다가 다시 돌아서서 어떻게 넘었던지 그 산을 넘어서니 거기는 청인의 촌이었다. 그리고 조선으로 치면 이장 같은 그곳 동장의 집에서 계를 하느라고 사람이 많이 모이어 있었다. 나의 피 흘리고 온 것을 보고 부대 조각으로 싸매주었다. 이때 나에게 총 놓은 청년들은 그대로 나를 쫓아 왔었다. 나는 그들을 보고 총을 놓을 터이면 다시 놓으라고 대들었으나 그들은 어쩐 일인지 다시는 총을 놓지 않고 그대로 달아나 버렸다.

나는 그 집에서 대강 피를 수습하고 그 아래 조선 사람들이 사는 촌에 와서 달포를 두고 치료하였다. 총알에 뼈가 모두 으스러져서 살을 짜개고 으스러진 뼈를 주워내고 긁어내고 하는데 뼈 긁는 소리가 바각바각하였다. 그러나 뼛속에 박힌 탄환은 아직도 꺼내지 못한 것이 몇 개 있으며, 신경이 끊어져서 지금도 날만 추우면 고개가 휘휘 돌린다. 지금이라도 그 청년들을 다시 만나면, 내게 무슨 까닭으로 총을 놓았는지 조용히 물어보고 싶다.

－「별건곤 別乾坤」 2권 6호 1927년 8월

만해는 수술을 받고 한 달을 넘기고서야 겨우겨우 몸을 움직일 수 있었습니다. 하지만, 이 총격의 상처로 스님은 항상 요두통搖頭痛으로 머리를 흔드는 버릇이 생겼고, 만년까지 큰 고통을 겪었습니다. 구사일생으로 생명을 건진 만해는 고국으로 발길을 돌려 고통 속에 신음하는 동포들 곁으로 돌아왔습니다.

친일어용 불교단체를 분쇄하다

서구의 모든 식민 세력이 제국주의적 침략의 방편으로 종교를 앞장세웠듯이 일제도 이를 답습하고 그 방법을 조선에 적용했습니다. 일제는 일본의 승려들을 침투시켜 조선불교를 일본불교에 예속시키고 조선불교의 정신을 마비시키고자 획책했습니다.

을사조약이 체결되고 3년째 되는 1908년 3월에 전국 사찰대표 50여

명이 동대문 밖 원흥사에 회동했습니다. 500여 년간 계속된 승려의 도성 출입 금지가 풀린 것도 그 즈음입니다. 이들은 모임에서 원종 종무원이라는 기관을 설립하고 교육과 포교를 표방하며 당시 해인사 주지 이회광을 대종정으로 선출했습니다.

전국 사찰 대표자 회의는 다케다라는 일본 승려를 고문으로 추대한 친일 어용 단체였습니다. 회광은 경술국치를 당하던 1910년 7월 원종 대종정 자격으로 일본에 건너가 불교 확장이라는 구실로 일본 조동종과 연합동맹을 체결했습니다.

1. 조선 원종사원은 조동종과 완전히 또는 영구히 동맹하여 불교를 확장한다.
2. 조선 원종 종무원은 조동종 종무원에 고문을 위촉한다.
3. 조동종 종무원은 조선 원종 종무원의 설립 인가를 득하도록 알선한다.
4. 조선 원종 종무원은 조동종의 포교에 대하여 상당한 편리를 지원한다.
5. 조선 원종 종무원은 조동종 종무원에서 포교사 약간 명을 초빙하여 사찰 본사에 배치하고 일반 포교급 청년 승려의 교육을 위탁하고, 또는 조동종 종무원이 필요로 인하여 포교사를 파견할 때에는 조선 원종 종무원이 지정하는 사찰에 숙소를 제공하고 일반 포교급 청년 승려 교육에 종사하게 한다.
6. 이 합의는 관할처의 승인을 얻는 날로부터 효력이 발생한다.

이 조약은 한마디로 우리 불교를 일본 불교에 예속시키는 항복 조약이었고, 원종 종무원은 그것을 실행할 어용기관에 불과했습니다. 불교계 전체가 송두리째 일본에 넘어가는 위기를 맞았습니다. 이 와중에 총독부는 모든 사찰의 주지와 재산에 관한 권한을 총독이 가진다는 내용의 '조선사찰령'을 발표했습니다. 30본산이 모두 조선 총독의 수중으로 넘어가 버렸습니다.

그무렵 금강산 표훈사와 장단군 화장사에서 젊은 학승들을 가르치는 강사로서 동서양의 사상계를 넘나드는 해박한 지식과 명쾌한 논리로 명성을 얻어가던 만해는 분개했습니다. 우리 불교가 살길은 불교의 독립과 단결, 전국 사찰의 자주적인 통제밖에 없다고 생각했습니다. 식민통치 속에서도 불의에 임하는 만해의 자세는 기다리는 것이 아닌 즉각적인 행동이었습니다. 만해의 행동에는 상구보리 하화중생하는 불교의 보살행과 민족 자주의 철학이 담겨 있습니다. 만해는 1911년 1월 15일 순천 송광사에서 박한영, 진진응, 김종래, 장금봉 등의 강백과 함께 연합동맹 체결을 규탄하는 대대적인 승려대회를 열었습니다.

대회는 일사천리로 진행됐습니다. 친일 원종 종무원에 맞서는 임제종을 창립하고 선암사 김경운 장로를 임제종 임시 관장으로 추대했습니다. 33세의 만해가 서리를 맡았습니다. 회광과 그 일파를 친일파 종문난적宗門亂賊으로 규정했습니다. 이들 강백들은 다시 동래 범어사에서 거듭 승려 대회를 열어 회광 일파의 친일적 흉계를 통렬히 분쇄했습니다.

33세 청년 만해의 열렬한 웅변과 정연한 논지는 구름같이 몰려드는 대중의 심금을 울렸습니다. 만해는 승려의 자존심과 민족의 정기를 일으

겨울 백담사 전경 눈쌓인 수심교와 백담사. 이곳이 만해 사상의 고향이다.

커 세우려 온 힘을 다했습니다.

1915년과 16년 만해의 나이 37, 38세에 영호남 지방의 사찰 순례 길에 올랐습니다. 순창 구암사, 내장사에선 학명 선사와 선을 문답하고, 백양사의 환응, 순천 선암사의 경운 장로를 잇달아 친견하고, 금봉 강백과 시와 담론으로 밤을 지새우기도 했습니다. 관음도량 향로암에서 정근하고, 지리산 화엄사 진응 강백과도 교담하고, 쌍계사 원재봉 강백, 범어사 오성월 선백과 문답하였으며, 통도사의 해담 장로 특히 구하 스님과는 만년까지 각별한 교분을 나눴습니다. 가는 곳마다 대강연회가 열렸고, 폐부를 찌르는 열변의 호소에 청중이 구름처럼 몰렸습니다.

이와 같은 순례의 길은 선지식을 친견하고 문법구도聞法求道(법문을 듣고 도를 구함)하는 데 뜻이 있었거니와, 또 하나의 목적은 동지를 획득하고 규합하려는 데도 있었습니다. 스님은 이 순례 길에서 만난 불교청년의 눈동자에서 새로운 조국의 미래를 읽을 수 있었고, 충만한 용기와 신념을 얻었습니다.

불교개혁 선언, 『조선불교유신론』

앞서 1910년 경술년, 만해는 국권이 송두리째 일제의 수중에 떨어지는 순간을 목도했습니다. 그렇지만 개인 승려로서 만해가 할 수 있는 일은 아무것도 없었습니다. 만해는 한민족의 정신을 이끌어 온 불교 안에서 민족정기를 되살리는 방법은 없을까 고민했습니다. 만해는 다시 백담사로 들어갔습니다. 그리고 비장한 각오로 『조선불교유신론』의 집필에 몰두했습니다. 불교의 침체와 낙후성, 은둔주의를 통렬히 비판하고, 철저한 자유 평등주의 사상으로 개혁할 것을 제안했습니다. 이 논설은 만해가 세상에 낸 최초의 인쇄 출판물이면서 한국 불교사에 큰 업적으로 평가 받는 저술입니다.

> 유신이란 무엇인가, 파괴의 아들이다. 파괴란 무엇인가, 유신의 어머니이다. 천하에 어머니 없는 아들이 없다는 말은 하되 파괴 없는 유신이 없다는 것은 간혹 알지 못한다.

이러한 선언으로 시작한 『조선불교유신론』은 당시 조선불교의 낙후성

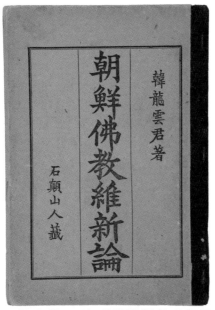

조선불교유신론 1910년 12월 백담사에서 원고를 완성하고, 1913년 5월 불교서관에서 발행했다. 침체된 조선불교계를 비판하고, 구체적인 불교개혁안을 제시하고 있다.

과 은둔성을 통렬하게 비판합니다. 제1장에서 제4장까지는 유신의 이론적인 근거를 열거하고, 제5장부터 16장까지는 조선불교가 당면한 문제와 시급히 해결해야 할 구체적인 문제들에 대한 이론을 제시하고 있습니다. 승려의 교육, 참선, 염불당의 폐지, 포교, 사원의 위치, 불가에서 숭배하는 불상과 불화, 불가의 각종 의식, 승려의 인권회복, 불교의 장례와 비구 비구니의 결혼 문제 등의 순서로 문제들을 풀어내고 있습니다.

만해는 불교는 문명의 이상에 합치되는 종교이며 깨달음과 지혜의 종교라고 역설합니다. 그래서 불교는 불생불멸의 경지를 염원하는 참된 자아에서 구하도록 가르치고, 미신을 버림으로써 올바른 희망을 품고 진리의 법에 이를 수 있다고 말합니다.

또 불교의 가르침이 평등주의에 입각하고 있음을 역설했습니다. 만해는 이 세계가 완전한 평등을 실현하는 데까지 발전할 것이라고 예단했습니다. 이 평등을 실현하는 과정에서 자유가 나타나는데, 각자의 자유가 모두 수평선처럼 가지런하게 되어 조금의 차이도 없게 될 때 이것이 곧 평등의 이상이 실현된 것이라고 봤습니다. 부처님의 평등정신은 개인과 개인, 인종과 인종, 나라와 나라 사이의 관계에만 미치는 것이 아니라, 하나하나의 물건과 하나하나의 일에도 빠뜨림이 없는 철저한 것이라고 했습니다.

　만해는 불교의 또 다른 특징은 구세주의救世主義에 있다고 강조합니다. 구세주의는 자기 한 몸만 이득을 취하고 자기 혼자만 행복을 얻으려는 주의에 반대하는 개념이라고 설명합니다. 흔히 불교는 참선과 고행에 의해 혼자만의 깨달음을 얻으려는 종교로 잘못 알려져 있으나, 불교야말로 이런 종류의 이기주의와 정반대된다는 것입니다. 부처님의 설법은 모든 중생을 제도하는 자비심으로 가득 차 있다고 역설합니다. 그렇기 때문에 불교는 사찰에만 있는 것이 아니고, 경전에만 있는 것도 아니며, 각자의 정신적 생명과 자각에 존재하는 것이라고 규정했습니다.

　『조선불교유신론』은 사회와 민중이 불교를 위해 있는 것이 아니라 불교가 중생과 대중사회를 위하여 존재해야 한다고 힘주어 강조하고 있습니다. 오늘날 불교계에도 그대로 적용되는 뼈아픈 경종입니다. 만해는 치욕의 경술년이 막바지에 이른 12월 8일, 『조선불교유신론』을 탈고합니다. 한말의 대 유학자 김윤식은 "문체로 보나 사상으로 보나 근세에 짝을 찾기 어려운 글"이라고 평가했습니다. 대문장 『조선불교유신론』은 1913년 불교서관에서 처음 간행했습니다. 이 책의 부록에 불교유신론의 내용 일부를 실었습니다.

또 하나의 걸작, 『불교대전』

『조선불교유신론』을 탈고할 즈음 만해는 불교 대중화에 더욱 박차를 가했습니다. 1912년 여름, 양산 통도사에 들어간 만해는 일반인들도 불교 경전을 쉽게 읽을 수 있도록 『불교대전』 편찬을 준비하기 시작했습니다. 이 땅에 불교가 들어온 지 천5백 년이 넘었지만 제대로 된 『불교대전』이 없는 형편을 안타깝게 생각하고 직접 편찬에 나선 것입니다.

만해는 통도사 응진전 옆 숙소에서 『고려대장경』 1,511부, 6,802권을 독파하기 시작했습니다. 한여름 폭염 속에서도 장경각을 가득 채운 서책을 빠짐없이 열람하고 낱낱이 읽었습니다. 밤에는 현대적인 감각에 맞도록 깨알같이 요약 정리했습니다. 주변 스님들이 절레절레 고개를 흔드는 초인적인 열정이었습니다. 이렇게 만든 초록본이 444부에 이릅니다.

8백 페이지에 이르는 『불교대전』은 제1 서품에서 시작해 교리강령품, 불타품, 신앙품, 업연품, 자치품, 대치품, 포교품, 구경품 등 모두 9개 품

불교대전 1914년 4월 부산 동래 범어 사에서 간행했다. 방대한 고려대장경을 주제별로 재구성한 독창적인 불교 사 전이다.

정선강의 채근담 1917년 신문관에서 간행했 다. 유불도 삼교의 체세에 관한 가르침을 정선 한 심신수양서로, 일반 대중에게 많은 관심을 끌었다.

으로 구성되어 있습니다.

　『조선불교유신론』이 승려들을 대상으로 한 이념적인 논술이라면, 『불 교대전』은 불교 교리를 현대화하여 대중에게 제시한 실천적인 저작이라 고 할 수 있습니다. 만해의 독창적인 불교 대전입니다. 이 엄청난 작업을 불과 2, 3년 만에 이뤄낸 과정에서 35세 전후 장년기 만해의 열정적인 삶의 단면을 엿볼 수 있습니다. 이 『불교대전』은 1914년 4월 범어사에서 간행됐습니다.

　『불교대전』이 편찬되자 불교계 내외에 큰 반향이 일었습니다. 당시 불교 잡지 『해동불교』 6호(1914년 4월)는 이를 두고 광세의 대저작이며, 불교 포교의 금과옥조이며 사회 일반에는 복음이라고 평가했습니다.

『채근담』을 편찬하다

일제의 무자비한 폭압통치가 날로 도를 더해가던 1915년을 전후해 만해 는 영호남지역의 사찰을 순례하며 젊은 승려들을 상대로 불교 유신과 민 족정신을 회복하기 위한 강연에 심혈을 기울였습니다. 이런 와중에도 만 해는 『정선강의 채근담菜根譚』을 탈고했습니다. 전북 순창 구암사에 머 물 때 독해, 강의한 것을 묶어 출판한 것입니다.

『채근담』은 중국 명나라 말기 홍자성洪自誠이 유불도 삼교의 처세에 관 한 가르침을 정선하여 적은 수양서입니다. 만해가 번역하고 편집한 『정선 강의 채근담』은 1917년 신문관에서 포켓판 276쪽으로 간행됐습니다.

만해는 조선 사람들이 정신적인 수양의 거울로 삼도록 이 책을 편찬 하게 됐다고 밝히고 있습니다. 일제 치하에서 분수에 맞지 않는 권력을 위하여 남의 턱짓에 맞춰 하나뿐인 허리를 만 번이나 구부리면서도 부끄 러운 줄 모르고 사는 자나, 불의한 이익을 위하여 비굴하게 살면서도 태 연한 자들을 일깨워서 민족독립의 정신을 심어주겠다는 일념이었습니 다. 이 책은 불교도는 물론이고 일반 대중의 수양 지침서로 많은 관심을 받았습니다.

오세암에서 깨달음을 얻다

1910년부터 1917년까지 『조선불교유신론』, 『불교대전』, 『정선강의 채근담』 등의 전적 편찬에 몰두하는 동안 만해의 심신은 지쳐있었습니다. 불교계와 민중을 위한 열정적인 전적 편찬 작업만큼이나 내면의 본래 보습을 찾고자 하는 충동도 강하게 일었습니다.

'아! 나는 어디에 있는가?' 만해는 이 물음을 풀어야 했습니다.

1917년, 만해는 오세암으로 올라갔습니다. 젊은 시절 불교 경전을 공부할 때 오르내리던 암자입니다. 오세암은 예나 지금이나 바람이 드센 곳입니다. 눈보라가 몰아치면 어른 허리를 훌쩍 넘는 눈이 쌓이는 곳, 끊어질 듯 이어지는 산길이 완전히 자취를 감춰 외부와 철저하게 단절되는 육지 속의 고도입니다. 만해는 이곳의 선방에 좌정하고 자신을 찾는 수행에 정진했습니다.

만해는 하늘로 치솟은 즐비한 산봉우리와 깊이를 가늠하기 어려운 계곡이 끝없이 이어지는 내설악 대자연 속에 파묻혀 화두에 몰두했습니다. "구름이 흐르거니 누군 나그네 아니며, 국화 이미 피었는데 나는 누구인가?"라는 화두를 들었습니다. 한 달 두 달, 자신을 바라보는 만해의 사색은 점점 깊어졌습니다. 문풍지를 울리는 매서운 바람과 눈보라가 날카롭게 밀려왔다 사라졌습니다. 그 가운데서 본래 면목을 찾는 만해의 화두는 한순간의 끊어짐도 없이 이어졌습니다. 이는 우주 속에서 자신의

오세암 전경 설악산 백담사의 부속 암자. 매월당 김시습이 승려가 된 뒤 머물렀던 곳으로, 바로 앞에 있는 망경대의 절경으로 유명하다.

정체성을 확인하는 과정이며, 시대 민중의 아픔을 통감하는 각성이며, 설악산 대자연과 한몸임을 확인하는 과정이었을 듯합니다.

　1917년 12월 3일 밤 10시, 만해는 좌선 중에 돌연 바람이 불어 무엇이 떨어지는 소리를 들었습니다. 바로 그때 지금까지 의심하던 마음이 씻은 듯 풀려가는 현상을 지켜봤습니다. 깨달음이었습니다. 만해는 마음에서 차오르는 용솟음으로 게송을 읊었습니다.

男兒到處是故鄉　남아도처시고향
幾人長在客愁中　기인장재객수중
一聲喝破三千界　일성게파삼천계
雪裸桃花片片紅　설나도화편편홍

사나이 가는 곳이 바로 고향인 것을
몇 사람이나 나그네 시름 속에 오래 젖어 있었나.
한 소리 크게 질러 삼천세계 깨뜨리니,
눈 속에도 복사꽃 펄펄 날리는 구나.

　만해의 제자 설산은 당시의 상황을 이렇게 증언했습니다. "도를 깨달으면 개당설교 開堂說敎 로써 대중의 증명을 받아야 합니다. 삼백 명의 산중 대중이 운집했습니다. 법상에 오른 선사께서 대중과 화음으로 오도송을 읊은 다음 "해탈은 생사거래 生死去來(생사란 낮과 밤이 돌고 도는 것처럼 끊임없이 오고 가는 것)로 끊어졌고, 진공묘유 眞空妙有(공에도 유에도 치우치지 않는 것)의 그림자도 없어지더니 소소영영 昭昭靈靈(밝고 신령스러움) 한 내 마음자리만 구름이 없으니 만 리가 그대로 하늘일 뿐이올시다. 대성존께서 박탈무이 縛脫無二(속박과 해탈은 둘이 아님)의 도리를 구원겁래 久遠劫來(아득히 멀고 먼 과거부터 지금까지)로 설하고 계십니다. 대중은 들으시오, 속박은 누가 얽매었으며 해탈은 스스로 털어버리는 도리를 아느냐! 모르느냐! 삼천대천세계가 쾌할쾌할입니다." 이때 상석에 정좌하신 만화 萬化 선사께서 일어서서 주장자로 만해 스님을 가리키며 "한 입으로 온 바닷물을 마셔버렸구나 一口汲盡萬海水. 이제 만해 수좌로 하라. 나의 정법안장을 만해 선사에게 부촉해 주노라." 이에 만해 스님께서 법좌에서 내려와 삼 두 三枓를 드시고 가사와 발우를 수지하니 석가모니불의 78대, 태고선사 의 자자세손으로서……,

만해는 동면에 든 짐승처럼 오세암에서 참선으로 한 겨울을 지냈습니 다. 그 겨울에 「오세암」이란 시를 남겼습니다.

> 구름 있고 물이 있어 이웃이 넉넉하고
> …(잃어버린 글자) 하물며 인仁일 건가.
> 저자 멀어 약 대신에 솔잎차를 달이고
> 산이 깊어 고기와 새, 사람 보기 드물다.
> 아무 일도 없음이 고요함이 아니요
> 첫 마음 안 고침이 바로 새로움이다.
> 비 맞아도 끄떡없는 파초만 같다면
> 난들 무엇 꺼리리 티끌 속 달리기를.

시대정신을 꿰뚫어 본 만해는 이듬해 봄, 눈이 녹기도 전에 오세암 생 활을 청산하고 대중의 품, 서울로 돌아왔습니다. '승려 만해'에서 박탈무 이의 경계를 체득한 '지사 만해'로 새롭게 태어나는 시점이었습니다.

「유심」을 창간하다

오세암에서 서울로 돌아온 만해는 계동 43번지 한옥에 거처를 마련했습니다. 1918년 9월, 만해는 이곳에서 우리나라 최초의 불교 교양 잡지「유심惟心」을 창간합니다. 이 잡지는 불과 60쪽의 얄팍한 잡지였지만 불교 관련 글 외에 민중과 청년들이 갖춰야 할 교양과 수양적인 글을 집중적으로 실어 민족정신과 독립의식을 고양하는 데 크게 기여한 것으로 평가받습니다. 최린, 최남선, 유근, 이능화, 현상윤, 박한영, 권상로 등의 당대 지식인들이 필자로 참여해 종교 활동을 민족 계몽운동으로 연결하는 데 많은 관심을 기울였습니다. 만해가 직접 쓴 창간호 머리말에는 발간 정신이 잘 나타나 있습니다. 머리말「처음에 씀」에는 "천만千萬의 장애障碍를 타파打破하고, 대양大洋에 도착到着하는 득의得意의 파波(파도)를 보라"고 적었습니다. 조선 청년들이 현실의 온갖 어려움을 극복하는 생명력을 갖고, 결국에는 목적지에 도달하는 끈기를 갖추도록 주문했습니다.「유심」에 기고하는 다른 필자들도 이러한 방향에 맞춰 조선 청년이 배워야 할 지식이나 정신적인 수양 등을 강조하고 있습니다. 젊은이들에게 남의 동정을 받는 약자가 되지 말고 세계의 주인공인 강자가 되라고 당부하는 말에서 일제의 폭압이 점점 더해지던 시기에 기성세대 지식인들의 고민을 엿볼 수 있습니다.「유심」창간호에 실린 머리말「처음에 씀」입니다.

배를 띄우는 흐름은 그 근원이 멀도다.

송이 큰 꽃나무는 그 뿌리가 깊도다.

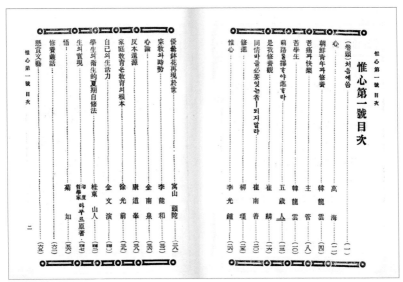

「유심」의 목차 유심은 만해가 편집 및 발행인으로 1918년 9월에 창간한 청년 계몽 잡지이다. 일제의 엄격한 검열 속에서도 청년들을 격려하는 글을 실었고, 3호까지 발간하고 폐간됐다.

가벼이 날리는 떨어진 잎새야 가을바람이 굳셈이랴.

서리 아래 푸르다고 구태여 묻지 마라,

그 대竹의 가운데는 무슨 걸림도 없나니라.

미의 음보다도 묘한 소리 거친 물결에 돛대가 낫다 보느냐.

샛별 같은 너의 눈으로 천만의 장애를 타파하고 대양에 도착하는 득의의 파를

보일리라. 우주의 신비 들일리라. 만유의 묘음. 가가 가자. 사막도 아닌 빙해도

아닌 우리 고원故遠. 아니 가면 뉘라서 보랴 한 송이 두 송이 피는 매화.

「조선청년과 수양」, 「전로를 택하여 나아가라」, 「고통과 쾌락」, 「고학

생」 등의 글에도 미래의 주인공인 청년 독자에게 향하는 기대와 당부가 진솔하게 묻어나옵니다. 만해는 또 「유심」 창간호에 당시 신체시 형태를 탈피한 신시新詩인 「심心」을 발표했습니다. 일반적으로 주요한의 「불놀이」가 가장 먼저 나온 신시로 평가받지만 만해의 신시 「심心」은 그보다 1년 먼저 발표됐습니다.

1918년 12월 1일 발행된 유심 제3호에는 「천연遷延(차일피일 일을 미루고 지체함)의 해害」라는 글을 실어 자칫 빠지기 쉬운 청년들의 게으름을 경계했습니다.

금강산은 진실로 천하의 명산이라. 아시아인도 오고, 아메리카인도 오고, 아프리카인도 와서 보고 모두 이 세상에 없는 그 승경을 감상하고 백년 미담으로 삼으니 어찌 세계적인 명승지가 아니리오. 그러나 금강산 산중에 사는 사람으로 늙기까지 금강산의 명승을 완상치 못한 자가 있음은 무엇 때문인가. 이는 천연의 까닭이니라. 금강산에 거주하면서 늙기까지 금강산을 두루 보지 못한 자는 금강산의 명성을 알지 못하여 그런 것도 아니고, 그 승경을 탐상하고자 하는 뜻이 없어서도 아니고, 다만 오늘에 하지 못하면 내일에 하리라는 천연으로 인하여 마침내 늙기에 이르기까지 지척에 있는 천하의 명산을 다 감상하지 못하는 것이니, 심하다 천연이 사람의 전도를 저지함이여!

이와 같이 금강산뿐만 아니라 학문의 분야나 사업의 분야에서도 차일피일 미루기만 하는 자에게는 기회도 없고, 성공도 없고, 실패도 없다고

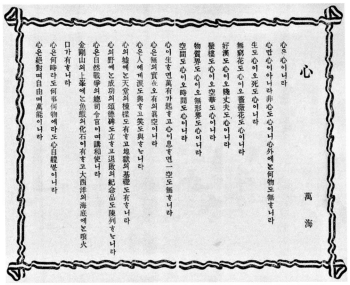

「심心」 만해의 심에 대한 견해를 잘 알 수 있다. 잡지명을 유심惟心이라 한 것이 특징이다.

강조하고 있습니다.

청년 위주의 민족 계몽을 독려하는 『유심』의 글에 일제 총독부는 민감하게 반응하며 검열의 수위를 높였고, 이 과정에서 수많은 원고가 삭제되는 아픔을 겪었습니다. 『유심』은 3호 발간을 마지막으로 아쉽게도 폐간됐습니다.

급변하는 세계정세, 독립운동을 준비하다
『유심』 제3호를 만들 무렵, 세계정세는 급격하게 움직이기 시작했습니다. 1918년 1월 미국 대통령 윌슨이 14개 조항의 평화의견을 발표했습니다. 2월에는 연합군의 승리로 제1차 세계대전이 막을 내렸습니다. 1919년 1월 18일, 세계 1차 대전 전승국 27개 나라가 프랑스 파리에 모여 국제연맹을 창설했습니다. 미국 윌슨 대통령이 민족자결주의를 선언하면서, 여러 약소국가가 잇따라 독립을 선포했습니다. 이런 소식은 국내에도 전해졌습니다. 민족 자결주의는 일제 식민지하에 신음하던 우리 민족의 열광적인 환영을 받았습니다. 세계에 위력의 시대가 끝나고 도의의 시대가 온 것으로 믿었습니다. 그 무렵 일제 총독부는 조선의 토지조사 사업을 완료해 놓고 3천리 강산을 송두리째 삼키게 됐다는 듯이 기세가 등등했습니다.

만해는 국제적인 정세 변화에 민감했습니다. 만해의 움직임이 바빠지기 시작했습니다. 갓 마흔을 넘긴 그의 온몸에는 청년의 피가 끓어오르기 시작했습니다. 만해와 다른 지도자들은 200명 정도의 동지를 규합해 거국적으로 궐기하기로 구상했습니다. 그러기 위해서는 구황실 귀족들과 대한제국의 고관, 당대의 재력가들을 끌어모아야 했습니다.

1919년 1월 27일, 만해는 도쿄에서부터 알고 지내던 최린을 비밀리에 만났습니다. 최린과는 평소에도 독립운동 문제를 놓고 의견을 교환해왔습니다. 그들은 다 같이 국내외 정세로 말문을 열었습니다. 만해는 비분강개한 어조로, "천재일우의 기회를 어찌 좌시 묵과할 수 있겠소?" 라고 말했습니다. 최린과 의기투합하고, 이후에 권동진, 오세창도 적극적으로 동참한다는 뜻을 확인했습니다.

　그러나 당시 지도층 인사들의 마음을 모으기란 그렇게 순탄하지 않았습니다. 월남 이상재를 만나 독립운동에 관해 설명했습니다. 이상재는 잘못하면 폭동이 일어나 많은 사람이 다칠 것이니 총독부에 독립청원서를 내자고 했습니다.

　만해는 "조선독립이라고 하는 것은 제국주의에 대한 민족운동이요, 침략주의에 대한 약소 민족의 해방투쟁인데, 청원에 의한 타의의 독립운동이 웬 말입니까? 민족 자신의 결사적인 힘으로 나가지 않으면 독립운동은 불가능한 것이요." 라며 자리를 박차고 나와 버렸습니다. 그 이후 이상재와는 더 만나지 않았습니다. 또한 박영효, 한규설, 윤용구 등 당시 귀족들과 접촉했으나 하나같이 꽁무니를 뺏습니다. 처음 2백 명으로 계획했던 거사가 수포로 돌아갈 지경에 빠졌습니다. 귀족들과 지도급 인사들은 모두 빠져나가고 종교계 인사들만 남았습니다.

　이후 남강 이승훈이 평양 사람들을 중심으로 기독교인 15명^{선언서 인쇄}
^{직전에 1명 추가}을 모으고, 최린을 중심으로 천도교에서 15명이 참가하게 됐습니다.

　만해는 불교 인사들을 3·1운동의 민족 대표로 참여시키기 위해 동분서주했습니다. 기독교와 천도교 측의 참가인 수를 고려해 불교에서도 동등하게 참여하길 바랐습니다. 박한영, 진진응, 오성월 등을 비롯한 여러 큰 스님들

과 접촉했지만 여의치 않았습니다. 다만 당시 불교 대중화를 위해 경전 한글 번역 등으로 명성을 얻고 있던 백용성 스님이 독립운동에 흔쾌히 동의했습니다. 만해와 용성, 모두 불교계를 대표할 만한 인사였었습니다.

민족 지도자들의 망명지 만주 일대에서는 민족 독립운동가 39명이 독립선언서를 발표했습니다. 1919년 2월 8일에는 도쿄 유학생 6백여 명이 도쿄기독청년회관에 모여 독립을 요구했습니다. 상해에서는 독립청년단이 독립운동 준비에 몰두하고, 미국의 대한부인회는 한국독립청원서를 윌슨 대통령에게 제출했습니다. 독립운동의 불길은 나라 밖에서부터 점화되기 시작했습니다.

공약삼장을 추가하다

1919년 2월에 접어들면서 국내에서 독립운동을 모의하는 지도자들 사이에서 독립선언서를 작성하는 문제가 논의되기 시작했습니다. 최남선이 최린과 논의하는 자리에서 "학자로서 표면에 나서지는 않겠으나 선언문만은 내가 지어볼까 하는데 그 작성 책임만은 최 형이 져야 하겠소." 라며 최린의 동의를 구했습니다. 최린은 "그렇게 합시다. 그런데 시간이 촉급하니 속히 기초해야 하겠소." 라며 최남선의 처지를 동정하였습니다.

최남선은 은밀히 친구의 집을 찾아가 며칠 동안 잠적했습니다. 2월 15일 최남선은 독립선언문 초고를 갖고 왔습니다. 최린은 최남선의 선언문을 읽어 본 뒤 흡족해 하며 벽에 걸려 있는 거문고 안에 선언서 초안을 숨겨

두었습니다.

얼마 후 만해가 최린의 집을 방문했습니다. 만해는 서명도 하지 않겠다는 최남선이 독립선언서를 작성하는 데 반대했습니다. 자신이 직접 작성하겠다고 했습니다. 최린은 최남선이 쓴 독립선언서를 보여 주며, 시간이 촉박하니 자구를 수정하는 정도로만 손보고 인쇄소에 넘기자며 간곡하게 만해를 설득했습니다.

만해는 붓을 잡아 선언문을 약간 수정하고, 이어 공약삼장을 추가해 넣었습니다.

1. 금일 오인의 차거는 정의, 인도, 생존, 존영尊榮을 위하는 민족적 요구이니 오직 자유적 정신을 발휘할 것이요, 결코 배타적 감정으로 일주하지 말라.
1. 최후의 일인까지, 최후의 일각까지 민족의 정당한 의사를 쾌히 발표하라.
1. 일체의 행동은 가장 질서를 존중하여 오인의 주장과 태도로 하여금 어디까지든지 광명정대하게 하라.

뒷날 만해는 "공약삼장은 불법승 삼보의 정신에 따라 쓴 것이었다."

고 술회했습니다. 오세창은 독립선언서를 받아 천도교에서 경영하는 인쇄소인 보성사에 보냈습니다. 보성사 사장 이종일은 2월 27일 밤부터 다음날 새벽 2시까지 비밀리에 독립선언서를 인쇄했습니다.

민족 대표 33인 천도교 15인, 기독교 16인, 불교 2인이 최종 확정된 날짜는 1919년 2월 25~26일 사이로 알려져 있습니다. 처음에는 천도교, 기독교 각각 15명, 불교 2명 등 32인으로 할 계획이었으나, 기독교 측에서 천도교보다 더 많아야 한다며 1명을 더 추가해 33명이 됐습니다.

거사 날짜를 3월 1일로 정한 이유는 고종 장례일이 3월 3일이어서 많은 사람이 지방에서 올라올 것이나, 장례일 독립운동은 예의가 아니라고 하여 제외했고, 3월 2일 일요일은 기독교 측에서 반대해서 3월 1일 토요일을 독립운동일로 정하게 됐습니다.

이 무렵 만해와 자주 만났던 김법린 선생은 3·1 운동 준비 공작의 과정을 이렇게 증언했습니다.

현 혜선惠專의 진신 불교중앙학림의 학생 신상완, 백성욱, 김상헌, 정병헌, 김대용, 오택언, 김봉신, 김법린과 중앙학교 학생 박민오 등은 한용운 선생의 긴급한 명령에 의하여 계동에 있던 선생의 자택으로 모였다.

이곳으로 말하면 우리 일행이 1918년 겨울 이후 자주 출입하였던 곳으로, 선생

공약 삼장 최남선이 작성한 독립선언서에 만해가 추가한 부칙. 만해는 공약삼장을 불법승 삼보의 정신에 따라 공약삼장을 추가했다고 밝혔다.

이 주재하던 잡지 「유심」의 사옥이었다. 우리는 언제나 이곳에 올 때마다 마음을 긴장하였다. 그날 밤은 더욱 마음이 두근거렸다. (중략) 총총히 예를 마치자 선생은 다음과 같은 말씀을 하셨다.

여러 달을 두고 궁금히 여기던 제군들에게 기쁜 소식을 전하겠다. 사전에 기밀이 탄로날까 하여 제군이 시국의 대책에 안타까운 마음을 가진 줄은 알았지만 침묵을 지킨 것이다.

이번 세계 대전은 침략주의의 패배로 종막되었고, 윌슨 미국 대통령이 제창한 민족자결주의는 전후 평화의 처리에 대한 원칙이 될 것은 제군들이 잘 아는 바이다. 이 세계적 비상 정세에 처하여 유구한 역사, 찬연한 문화를 가진 우리 민족이 왜적의 포악한 기반에 항거하고 그 자주독립을 중외에 선언함은 당연한 일이다. 나는 지난 수개월 동안 이것을 위하여 대략 다음과 같이 활동하였다.

왜적의 혹독한 탄압정책으로 말미암아 국내에서 정치 단체는 가위 절종이 되다시피 하였고, 이 독립운동의 모체로는 종교단체밖에 없었다는 것을 간파하고,

첫째, 동학의 혁명적 전통으로 보든지 그 구성 인물의 사상적 경향으로 보아 천도교의 영수와 운동 전개의 방침을 협의키로 하였다. 1918년 11월 말경 회담하여

손 의암 선생에게 교섭을 의뢰하였고, 그 후 나 자신도 직접 교섭하여 승낙을 받아 운동의 대체적인 방책을 결정하고, 다음 서북지방으로 가서 기독교회의 중진과 협의하여 쾌락을 얻었다.

셋째, 유교와의 교섭인데 유교 측의 대표로 간재 전우(1841~1922: 구한말 성리학자) 선생으로 할까 면우 곽종석(1846~1919: 한말의 유학자. 을사늑약 체결이후 매국노의 처형을 상소하고 파리 만국평화회의에 독립호소문을 보내 옥 고를 치렀음.) 선생으로 할까 하다가 면우 선생이 가하다고 결정하였다. 선생은 대관大官의 경력을 가졌으니, 우리들 가운데 이색적인 존재로 여겼던 까닭이다. 곽 선생을 거창 집에 방문하니, 선생은 비록 고령이시면서 쾌락하였으나 거사와 관련한 것을 장자와 협의한 후 상경하였는데, 그 후 승낙한다는 소식이 있었으나 인쇄물이 완료되었으므로 서명되지 아니하여 유감이다.

넷째, 우리 불교에 관한 것인데, 호남 방면의 박한영, 진진응, 도진호 제사諸師와 경남의 오성월에 회담을 교섭하였으나 교통 기타 사정으로 면담치 못하고, 백용성 선사만 승인을 얻게 되었다. 손의암 선생을 총대표로 기독교 측 15인, 천도교 측 15인, 불교 측 2인으로 결성하고 보니 임진왜란 시 국사에 분주했던 서산, 사명 등 많은 스승의 법손으로서 우리가 이에 소수로 참가한 것은 유감으로 여기는 바이다.

다섯째, 선언서 작성에 관한 것인데, 기초위원으로 최남선, 최린, 나 3인이었는데, 최남선 씨는 선언서에 서명치 아니하고 초안만을 집필하고, 나는 그것을 수정키로 하고, 최린 씨는 그 기안 책임자로 정하였다. 천도교가 경영하는 보성인쇄소에서 3만 매를 비밀리에 인쇄하였다. 각 교단에 1만 매씩 배부키로 하였다. 군들은 여기에 있는 3천 매의 선언서를 가지고 가서 경성과 지방에 배부하도록 하라.

우리 서명한 33인은 명월태화관明月泰和館에 회동하여 독립선언식을 거행할 터이다. 저간 나의 동정에 대하여 퍽 궁금하였을 것이다. 대략 나는 이상과 같이 활동하였다. 군들과 이제 헤어지면 언제 만날지는 알 수가 없다. 조국의 광복을 위하여 결연히 나선 우리는 아무 애碍(거리낌)도 없고, 포외怖畏(두려움)도 없다. 군들도 우리의 뜻을 동포 제위에게 널리 알려 독립 완성에 매진하라. 특히 군들은 서산 사명의 법손임을 굳이 기억하여 불교 청년의 역량을 잘 발휘하라. 밤이 벌써 자정이 니 늦었다. 빨리 물러가라.

3·1 독립운동을 이끌다

3월 1일, 만해는 계동 43번지 아침을 맞이했습니다. 오늘 벌어질 만세운동 장면이 머릿속에 가득했지만, 표정은 담담했습니다. 손병희 일행과 만날 시간은 점심 무렵으로 예정돼 있었습니다. 손병희를 비롯한 독립선언서에 서명한 민족 대표들이 속속 태화관에 모습을 드러냈습니다. 예정된 오후 2 시가 되기 전에 33명 가운데 29명이 모였습니다. 길선주, 유여대, 정춘수 는 지방에서 별도의 독립운동 행사를 하고 상경하느라 늦었고, 김병조는 해외 독립운동가들을 접촉하기 위해 이미 중국 상해에 가있는 상황이었습 니다. 민족 대표들은 애초 탑골공원에서 독립선언서를 읽고 선포하기로 하였으나 전날 밤 민족대표 회합에서 장소를 변경했습니다. 만일의 경우 분노한 민중들이 일본 경찰과 충돌할 것을 우려해 태화관으로 바꾼 것입 니다. 대표들이 둘러앉은 탁자 위에 독립선언문이 놓여 있었습니다. 일동 은 감격에 떨리는 손으로 선언문을 펴 들었습니다.

오등은 자에 아 조선의 독립국임과 조선인의 자주민임을 선언하노라. 차로써 세

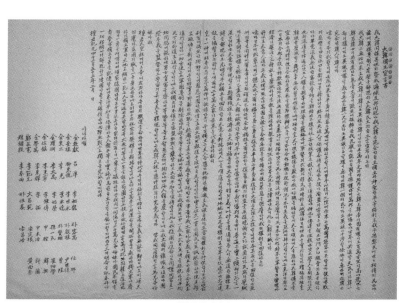
대한독립선언서

계만방에 고하여 인류 평등의 대의를 극명하며, 차로써 자손만대에 고하여 민족자존의 정권을 영유케 하노라. 반만년 역사의 권위를 장하여 차를 선언함이며, 이천만 민중의 성충을 합하여 차를 표명함이며, 민족의 항구 여일한 자유 발전을 위하여 차를 주장함이며, 인류적 양심의 발로에 기인한 세계 개조의 대기운에 순응병진하기 위하여 차를 제기함이니, 이는 하늘의 명령이며 시대의 대세이며 전인류 공존동생권의 정당한 발동이라, 천하하물이든지 차를 저지 억제치 못할 지니라.

–독립선언서 서문

모두 숙연해 졌습니다. 잠시 무거운 침묵이 흘렀습니다. 최린이 민족

대표들의 독립운동선언식 사회를 맡았습니다. 최린은 만해에게 선언식의 연설을 부탁했습니다. 절박한 순간이었습니다. 독립선언서 전체를 낭독할 시간은 없었습니다. 만해는 민족 대표들 앞에 우뚝 섰습니다.

"우리는 대한독립을 세계만방에 엄숙하게 선포했습니다. 우리는 기필코 민족의 독립을 쟁취할 것으로 믿습니다. 독립이 선포된 이상 우리는 최후의 일인까지 최후의 일각까지 싸워야 합니다. 이제 독립을 선언했으니 우리가 싸우다 쓰러지더라도 탓할 일은 없습니다. 국제 정세의 추이는 바야흐로 우리 민족에게 독립을 허용하지 않을 수 없을 겁니다. 우리 민족은 그동안의 간악한 일제의 철쇄를 풀고 자유 천지를 향해 궐기하려는 힘을 구축한 것입니다. 오늘 우리들의 이 모임은 민족 독립의 거룩한 일을 뒷받침하는 뜻깊은 일이 아닐 수 없습니다. 이제 우리는 죽어도 한이 없습니다."

만해는 이어서 독립만세를 선창했습니다.
대한 독립 만세!
대한 독립 만세!
대한 독립 만세!
민족대표들은 일제히 대한독립만세를 소리 높여 합창했습니다.

3·1 독립만세 운동의 경과

이와 때를 같이해 탑골공원에서는 대한독립만세를 제창하는 군중의 함성이 천지에 울려 퍼졌습니다. 탑골공원에 모여든 학생들은 독립선언서를 낭독한 뒤 태극기를 들고 독립만세를 부르며 시위행진을 시작했습니다. 학생들의 시위로 3·1 운동의 열기가 폭발했습니다. 노동자 농민 상인들이 가담했고, 관리들도 동조해 퇴직했습니다. 시위운동은 점점 지방으로 파급됐고, 방방곡곡에서 독립만세 소리가 진동했습니다. 남녀노소 할 것 없이 온 국민이 독립만세를 외쳤습니다. 독립운동의 유일한 무기는 독립만세를 부르는 것이었습니다. 시위에 참가한 인원은 200만 명을 넘었고, 집회는 천 5백회에 달했습니다. 당시 전국 218개 군 중에서 211개 군이 여기에 가담했습니다. 시위운동은 만주와 연해주 등으로 번져갔습니다.

평화적인 운동을 일제는 무력으로 탄압했습니다. 일제는 헌병과 경찰뿐만 아니라 육해군까지 동원했습니다. 맨주먹의 평화적인 시위 군중을 향하여 총탄을 쐈고, 학교, 교회, 민가 등 수많은 건물에 불을 질렀습니다. 일본 헌병에 체포된 사람은 46,948 명, 피살자 7,509 명, 부상자는 15,961 명이나 됐습니다. 이는 총독부가 집계한 수치로, 실제로 피해를 본 사람은 훨씬 더 많습니다.

그러나 맨주먹으로 나선 한국인의 독립 주장은 열강의 지지를 받지 못했습니다. 당시 일본이 세계 제1차 대전 전승국의 하나로 국제사회에서 영향력이 적지 않았기 때문입니다.

대표들의 독립선언식이 거의 끝날 무렵 7~80명의 정사복 일제 헌병과 경찰이 태화관에 들이닥쳤습니다. 만해와 민족 대표들은 현장에서 체포돼 마포 경찰서로 끌려갔다가 남산 왜성대 총감부로 이송, 구금됐습니다. 그들이 끌려갈 때 시내 곳곳에서는 남녀노소 시민이 몰려나와 독립만세를 불렀습니다. 만해는 경찰서로 끌려가는 차 안에서 그 광경을 바라보며 뜨겁게 감격하고 감동했습니다. 훗날 어느 인터뷰에서 평생 잊을 수 없는 가장 큰 상처라며 이 일을 꼽았습니다.

> 그때입니다. 열두 서넛 되어 보이는 소학생 두 명이 내가 탄 차를 향해 만세를 부르고, 또 손을 들어 또 부르다가 일경의 제지로 개천에 떨어지면서도 부르다가 마침내 잡히는데, 한 학생이 잡히는 것을 보고는 옆의 학생이 그래도 또 부르는 것을 차창으로 보게 됐습니다.
>
> 그때 그 학생들이 누구이며, 왜 그같이 지극히 불렀는지 알 수 없으나 그것을 보고 그 소리를 듣던 나의 눈에는 알지 못하는 사이에 눈물이 비 오듯 하였습니다. 나는 그때의 소년들의 그림자와 소리로 맺힌 나의 눈물이 일생을 통해 잊지 못하는 상처입니다.

구금된 민족 대표들은 그날 저녁부터 개별적으로 가혹한 조사를 받았습니다. 지방에서 뒤늦게 상경한 길선주, 유여대, 정춘수, 세 사람도 자진해서 출두했습니다. 상해로 탈출한 김병조를 제외한 민족 대표 32명 외에 3·1 운동 준비과정에서 중요한 역할을 한 관련자들도 속속 구속돼

서대문 형무소 수감 중인 만해(50세)

48명이 주동자로 조사받았습니다.

옥중의 기개, 진정한 민족 지도자

남산 왜성대에서 3·1 운동 주동자로 조사받은 민족대표들은 모두 서대문 형무소로 이송됐습니다. 악명 높은 서대문 형무소에서 온갖 문초와 대질 신문의 어려운 고비를 겪어야 했습니다. 여름에는 찜통 같은 쇠창살 안에서 더위에 정신이 몽롱해지고, 겨울에는 차디찬 시멘트 바닥에서 혹독한 추위에 시달렸습니다.

일제는 이들에게 내란죄의 죄목을 걸어 국사범으로 몰고 갔습니다. 구금된 민족대표 모두가 특출한 사람들은 아니어서, 그 중 어떤 이는 고통과 두려움을 참지 못하고 소리 내어 울기까지 했습니다. "이렇게 갇혀 있다가 그대로 죽임을 당하는 것은 아닌가." "평생 감옥에 갇혀 있게 되는 것은 아닌가." 하는 불안과 초조감에서 민망스러운 모습을 드러냈던 것입니다.

무서울 정도로 냉정한 태도를 지키던 만해는 일부 민족대표의 이런 행태를 준엄하게 꾸짖었습니다. "이 자들! 그대들이 소위 민족대표로 도장을 찍은 자들이란 말인가." 라며, 감방 구석에 놓인 오물을 한 손 가득 쥐어 우는 사람의 얼굴에 던져 버렸습니다. 오직 한 생각, 조국의 해방을 위해서는 조금도 굽힐 줄을 몰랐던 만해의 실천적인 면모가 또 한 번 드러나는 순간입니다.

만해는 구속되면서 세 가지 원칙을 세웠습니다. 변호사를 대지 말 것, 사식을 들이지 말 것, 보석을 요구하지 말 것입니다. 내가 내 나라를 찾자는 것인데 누구에게 변론을 받으며, 온 나라가 감옥인데 밖에서 넣어주는 사식을 먹는다는 것이 말이 되는가, 호의호식하자고 독립운동하는 것이 아니지 않은가. 만해는 철저하게 자신이 세운 원칙을 실천했습니다. 그 때문에 일제 경찰과 검사, 판사의 심문에 항상 의연했습니다. 시종 꼿꼿한 기개와 정연한 논리로 대응했고, 재판 과정에서도 이런 원칙을 철저하게 지켜나갔습니다.

옥중에서 만해가 얼마나 꼿꼿한 태도를 유지했는가는 일제의 신문 조서에 잘 나타나 있습니다.

"계속하여 언제까지든지 할 것이다. 반드시 독립은 이룩될 것이다."

"최후의 일인, 최후의 일각까지란 조선사람 한 사람이 남더라도 독립운동을 하라는 것이다."

"나는 내 나라를 세우는 데 힘을 다한 것이니 벌을 받을 일이 없을 줄 안다."

"언제든지 그 마음을 고치지 않을 것이다. 만일 몸이 없어진다면 정신만이라도 영세토록 가지고 있을 것이다."

수인으로서 일본 검사의 취조는 받으면서 "금후에도 조선 독립운동을 하겠는가?"라는 질문에 "그렇다, 계속하여 어디까지든지 할 것이다, 반드시 독립은 성취될 것이며, 일본에는 중 월조가 있다면, 조선에는 중 한용운이 있을 것이다."라고 조금도 주눅들지 않는 답변으로 일관했습니다.

또 형을 확정하는 일본 판사의 심문과정에서 "피고는 금후에도 조선 독립운동을 할 것인가?"라는 물음에, "그렇다. 언제까지고 그 마음을 고치지 않을 것이다. 만일 몸이 없어진다면 그 정신만이라도 영세토록 가지고 있을 것이다."라며 민족 지도자로서의 의연한 자세와 기개는 조금도 흐트러뜨리지 않았습니다. 거리낄 것도 없고, 두려울 것도 없는 만해의 마음가

짐은 오랜 세월 동안의 대일 독립투쟁에서 여실히 증명됐습니다.

아래는 일본인 검사와 판사의 심문조서에 실려있는 만해의 답변 가운데 일부입니다.

문 : 금번 독립운동은 조선의 각 종교 단체가 일치하여 대표자를 선임하였으니 그것은 어찌된 이유인가?

답 : 최초는 조선사람 전체가 하려고 하였다. 천도교, 예수교, 불교가 합한 것은 귀족들이 응하지 않았기 때문이다.

문 : 피고는 금번 운동으로 독립이 될 줄로 아는가?

답 : 그렇다. 독립이 될 줄로 안다. 그 이유는 목하 세계평화회의가 개최되고 있는데, 장래의 영원한 평화가 유지되려면 각 민족이 자결自決하여 독립하지 않으면 안 된다. 그래서 민족 자결이란 것이 강화회의의 조건으로서 윌슨 대통령에 의하여 제창되고 있는 것이다. 오늘 날의 상태로 보면 제국주의나 민족주의는 각 국에서 배격하여 약소민족의 독립이 진행되고 있다. 조선의 독립에 대하여서도 물론 각국에서 승일할 것이고 일본서도 허용할 의무가 있다. 그 이유는 이 곳에서 압수하고 있는 서면에 기재된 바와 같다.

문 : 피고는 금후에도 조선의 독립운동을 할 것인가?

답 : 그렇다. 계속하여 어디까지든지 할 것이다. 반드시 독립은 성취될 것이며 일본에는 중 월조가 있고, 조선에는 중 한용운이 있을 것이다.

피고인 한용운

1919년 3월 11일 경무총감부에서

검사 하촌정영河村靜永

문 : 피고인이 독립을 선언한다 하여도 일본 정부가 사실상 지배하고 있을 것이
   니, 그 독립선언은 무의미한 것이 아닌가?

답 : 독립을 선언하면 일본이라든지 각 국이 승낙할 줄로 생각하고 있다.

문 : 그런데 일본의 실력적 지배를 벗지 못하면 결국 독립선언은 무효가 되고 말
   것이 아닌가?

답 : 국가의 독립은 승인을 얻어서 독립하려는 것이 아니고 독립의 선언을 한 후
   각국이 그것을 승인함을 생각하였고, 우리가 그 선언을 하면 일본과 각국이
   그것을 승인하여 점차 실력을 얻게 될 줄로 생각하였다.

…

문 : 피고는 독립선언서에 기재된 취지에 찬성하는가?

답 : 그렇다.

문 : 이 독립선언서를 인쇄 배포하는 목적은?

답 : 그것은 조선 전반에 독립한다는 것을 알리자는 것이다.

문 : 이런 선언서를 배포하면 어떠한 결과가 올 것이라고 생각하였는가?

답 : 조선은 독립될 것이고 인민은 장차 독립국 국민이 될 것이라고 생각하였다.

문 : 3월 1일을 기하여 조선 각지에 선언서를 배포하기로 사람을 보낸 일이 있는가?

답 : 나는 그런 일이 없으나 천도교, 예수교에서는 보낸다는 것을 최린과 이승훈
   에게서 들었다.

문 : 피고들이 조선에 독립선언서를 배포함으로써 조선이 독립될 줄로 알았다지
   만, 일본 정부가 털끝만큼 귀도 기울이지 아니하는 때는 조선 인민은 여하
   한 일을 할 줄로 생각하는가?

답 : 나는 일본 정부가 반드시 조선의 독립을 승인할 줄로 믿었다. 그러므로 승
   인이 안 될 때에 어찌 한다는 것을 생각하지 않았다.

문 : 피고 등 33인의 독립선언을 일본 정부가 승인하지 않을 것이라는 것은 명확

判決

忠清南道洪州郡玉洞公生堂偶居
中部寺洞三十八統六戸居住僧侶

韓龍雲
七月生當三十四年

右者ニ對シ寄附金募集取締規則違反被
告事件ニ付検事境壽三郎干與審理
判決スルコト左ノ如シ

主文

被告韓龍雲ヲ罰金三十圓ニ處ス
右罰金ヲ完納スルコト能ハサルトキハ二十日間労
役場ニ留置ス
押収ノ書類ハ總テ差出人ニ還付ス

理由

被告ハ臨済宗ノ僧侶ニシテ臨済宗布教中
央堂ヲ京城ニ設ケントヲ企圖シ其資金ヲ
得ンカ為ノ當該官廰ノ許可ヲ受ケスシテ
（収マ）四十二年十二月以来全羅南道求禮郡
馬山面華嚴寺住職朴抱月ヲ教ノ矢

臨済宗布教中央堂ヲ設ケニ付寄附金ヲ取得
セントシ四十四年十二月以来全羅南道求禮郡
馬山面華嚴寺住職朴抱月ヲ教ノ矢勵
シ約四十餘圓ヲ寄附金トシテ之ヲ募集シ尚實ニ
別ニ約四十餘圓ヲ寄附金トシテ受ケタルヲ以テ當
該官廰ノ許可ヲ受ケサルシトニ供述書面兵
隊作戎由在龍第二回訊問調書中韓龍
雲ト中央布教堂設立ニ付寄附ヲ取リ受ケ
申立テシ旨ノ五十圓ヲ靈源寺財産ヨリ
寄附シタル旨同韓ノ聴取書中寄附シテ
募集ノ結果寄附シタル旨同朴抱月ノ相違アリ申立
金券日ノ聴取書中寺ノ各僧侶ニ顕
下ケ好ト言出シタレド無キ韓ガ金ヲ寄附方ヲ
迫リマシタト故夫一同相談ノ上五十金
或ヒハマレ金ヲ寄附シタト各供述及押収ニ
布教堂自願金錄（第一號）ニ記載ニ徴
證憑十分ナリ

以上ノ事實ハ被告ノ當法廰ニ於ケル昭年十月
臨済宗布教中央堂ノ建設セントヲ計画
シ之ガ四十四年十二月以来全羅南道求禮郡

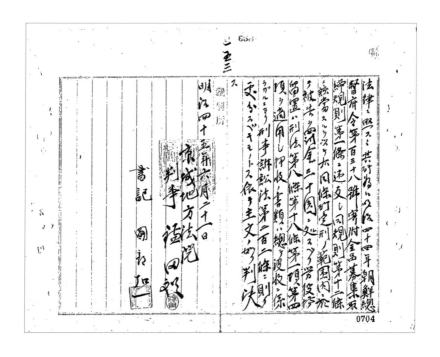

法律ニ照スニ其所為ハ之ヲ 四十四年朝鮮総
督府令第百三十八号寄附金品募集取
締規則第一条ニ違反シ同規則第十二条ニ
該当スルヲ以テ同条ニ依リ刑ノ範囲内ニ於
テ被告ヲ懲役三ヶ月ニ処スル労役場
ノ留置ニ刑法第八条第十八条第一項第四
項ノ適用シ押収ノ書類ハ総テ没収ス
ルヲ以テ刑事訴訟法第二百二条ニ依リ
主文ノ如ク判決ス

明治四十五年六月二十一日
京城地方法院
判事 滋田郁郎
書記 岡部郁

경성지방법원 판결문　만해 스님이 추진한 임제종 중앙포교당 건립
자금 모금이 불법이라 하여 일제가 만해 스님에게 구형한 판결문이다.

하지 않은 가?

답 : 캐나다, 아일랜드, 인도가 독립하므로 조선도 독립이 될 줄로 알았고, 세계
에 제국이라고는 없을 줄로 생각하므로 일본은 반드시 조선독립을 승인할
줄로 생각했다.

문 : 피고 등이 독립선언서를 배포하는 것은 인민을 선동하여 다수한 사람이 시
위운동을 하고 폭동을 일으키는데 목적이 있는 것 아닌가?

답 : 그런 목적이 아니다.

문 : 이 선언서에서는 최후의 일인, 최후의 일각까지 라는 것이 있는데, 그것은
폭동을 선동하는 것이 아닌가?

답 : 그런 것이 아니다. 그것은 조선 사람은 한 사람이 남더라도 독립운동을 하
라는 것이다.

문 : 그런데 인민이 피고 등의 선언서에 자극되어 관리에 대항할 것을 생각하였
는가?

답 : 나는 독립선언을 하면 일본이 반드시 승인할 줄로 믿어 그런 생각을 아니하
였다.

문 : 선언서에는 일체의 행동은 질서를 중히 하라 하였는데 그것은 폭동을 경계
한 것인가?

답 : 그렇다.

문 : 그런데 선언서를 보고 질서를 문란시키고 폭동을 한 것이 있는데?

답 : 그런 말은 듣지 못하였다.

문 : 피고는 이번 계획으로 처벌될 줄 알았는가?

답 : 나는 내 나라를 세우는데 힘을 다한 것이니 벌을 받을 리 없을 줄 안다.

문 : 피고는 금후도 조선독립운동을 할 것인가?

답 : 그렇다. 언제든지 그 마음을 고치지 않을 것이다. 만일 몸이 없어진다면 정

신만이라도 영세토록 가지고 있을 것이다.

피고인 한용운

1919년 5월 8일 경성지방법원 예심괘

예비판사 영웅도장永島雄藏

1920년 10월 민족대표에 대한 선고 공판이 열렸습니다. 만해는 손병희, 최린, 권동진, 오세창, 이종일, 이인환과 함께 최장기인 3년 형을 선고받았습니다. 3·1 운동 준비 과정에서의 주도적인 역할, 공약삼장의 추가, 재판과정에서의 굽힘 없는 투쟁 등이 최장기 형을 받게 된 요인입니다.

만해는 최후 발언에서 "우리의 조국과 민족을 위하여 마땅히 해야 할 일을 한 것 뿐이다. 무릇 정치란 덕을 닦는 데 있지, 위력을 과시하는 데 있지 않다. 일제가 강병만 자랑하고 수덕修德을 정치의 요체로 하지 않으면 국제사회에서 고립돼 마침내 패망할 것을 알려 두노라." 라고 엄중히 경고했습니다.

만해의 정연한 논리와 탁월한 식견은 담당했던 일본인 검사로 하여금 "당신의 이론은 정당하나 본국 정부의 방침이 변치 않으므로 어쩔 수 없다."고 실토하게 했다는 일화가 전해지고 있습니다.

이러한 만해의 독립사상이 집약적으로 표현된 것이 바로 「조선독립의 서」입니다.

「조선독립의 서」를 집필하다

1919년 여름, 만해와 검사의 열띤 논쟁이 고비를 넘어가고 있었습니다. 참아내기 어려운 더위가 이어지는 7월, 만해는 서대문 형무소에서 경성 지방 법원의 검사장 요구로 「조선독립이유서」 즉, 「조선독립의 서」를 제출합니다. 형무소 감방은 변기통이 부글부글 끓어오르고, 가만히 앉아 있어도 비지땀이 개기름처럼 휘감아 흐르는 찜통이었습니다. 이런 상황에서 만해는 단 한 권의 참고서적도 없이 「조선독립의 서」를 집필하고, 민족 독립의 심오한 사상적 근거를 제시했습니다. 만해는 이 글 한 가지만으로도 독립 항쟁의 역사에 있어서 불멸의 존재가 됐습니다.

「조선독립의 서」는 다섯 대목으로 나누어져 있습니다. 만해는 조선 독립의 이유로 첫째 민족 자존성, 둘째 조국사상, 셋째 자유주의, 넷째 대세계의 의무 등을 들었습니다. 자유와 평등사상이 그 기조를 이루고 있습니다.

"반만년 역사를 가진 나라가, 오직 군함과 총포의 수가 적은 이유 하나 때문에 남의 유린을 받고, 역사의 단절을 가져오게 하였으니, 누가 이를 참으며 누가 이를 잊겠는가. 나라를 잃은 뒤로 근심 띤 구름, 쏟아지는 빗발 속에서도 조상의 통곡을 보고, 한밤중 새벽에 천지신명의 힐책을 들으니, 이를 능히 참으면서…" 라며 폐부를 쥐어짜는 심정으로 독립 선언의 이유를 밝혀 나갔습니다.

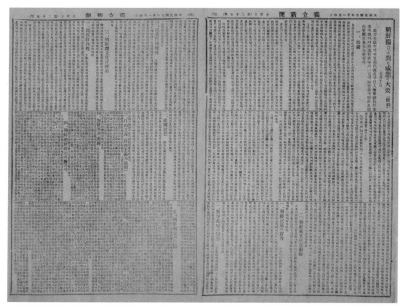

조선독립에 대한 감상의 대요 (독립신문 1919. 11. 4) 1919년 7월 10일 서대문 형무에서 일본 검사의 신문에 대한 답변으로 조선독립이유를 제출하고, 그해 11월 4일에 독립신문에 이 내용이 조선독립에 대한 감상의 대요라는 제목으로 발표됐다. 독립운동정신의 백미로 꼽히는 걸작으로, 임시정부의 기초를 닦는데도 큰 힘이 된 것으로 평가 받는다.

"인류의 지식은 점차적으로 발전하는 것이다. 역사는 인류가 몽매한 데서부터 문명으로, 쟁탈에서부터 평화로 발전하고 있음을 사실로써 증명하고 있다. 인류 진화의 범위는 개인적인 데로부터 가족, 가족적인 데로부터 부락, 부락적인 것으로부터 국가, 국가적인 것에서 세계, 다시 세계적인 것에서 우주주의로 진보하는 것인데……."

만해는 인류의 역사가 문명과 평화를 향해 나아가고 있지만, 군국주의와 제국주의가 세계사의 흐름을 막고 있다고 봤습니다. 때문에 군국주의가 인류의 행복을 해치는 가장 흉악한 마술이라고 규정했습니다.

만해는 일본인은 말끝마다 조선의 물질문명이 부족하다고 하지만, 근본적으로는 조선인을 어리석게 하고 야비케 하려는 일제 식민주의의 학정과 열등 교육에 원인이 있다고 봤습니다. 또 일제가 조선이 독립 국가를 이룰 만한 실력이 없다고 비웃으면서도 한편으로는 그러한 실력과 준비를 하지 못하도록 공작하고 있음을 신랄하게 비판했습니다. 일본 침략 정책의 본질을 정확히 갈파한 것입니다. 그 때문에 일제의 식민지 체제 그 자체를 철폐하는 것만이 오직 유일한 해결책이라는 사상과 신념을 굽히지 않았습니다.

일본 제국주의에 대한 이런 인식을 토대로 조선의 독립은 산위에서 굴러 내리는 둥근 돌과 같이 목적지에 이르지 않으면 그 기세가 멈추지 않을 것이라는 확고한 견해를 밝혔습니다.

「조선독립의 서」는 만해의 꺾이지 않는 기상과 물러서지 않는 용기, 탁월한 식견으로 탄생한 민족독립운동의 최대 성과물이자, 독립운동 정신의 백미로 꼽힙니다.

이 논설의 한 부는 검사장에게 제출했습니다. 그리고 작은 글씨로 휴지에 적은 다른 사본 한 부는 여러 겹으로 접어 종이 노끈처럼 만든 다음 형무소로부터 차출되는 옷 갈피에 끼워 밖으로 보냈습니다. 만해의 제자 춘성은 이를 김상호에게 전달하고, 김상호와 김법린은 이 글을 등사해 상해 임시정부에 전달했습니다. 임시정부는 11월 4일자 독립신문 제25호 부록에 「조선독립에 대한 감상의 대요」라는 제목으로 전문을 실어 세상에 알렸습니다. 이 글은 독립운동가들의 가슴을 뛰게 한 것은 물론이고, 임시정부의 기초를 닦는 데도 큰 힘이 됐습니다. 하지만 일제 강점기 동안 국내에서는 한 번도 소개되지 못한 지하의 비밀문건이 됐습니다. 「조선독립의 서」 전문을 이 책 후반부 부록에 실었습니다.

역경에도 물러섬이 없다

만해는 죄수의 신분으로 철창에서 온갖 박해로 신음하면서도 그 소신에는 추호의 굽힘이 없었습니다. 다른 한편으로는 일본의 침략주의에 대해서는 쉼없이 통렬한 반격을 가했습니다. 실로 만해의 용기는 우리 민족의 의사와 용기를 그대로 대변한 것입니다.

만해에게는 민족의 대표들을 대표할 만한 굳센 의지가 있었습니다. 만해는 옥중에 갇힌 뒤 교도관들에게 몹시 미움을 받았습니다. 교도관들에게 절대로 머리를 숙이지 않았기 때문입니다. 교도관들은 처음부터 온갖 핑계를 만들어 구타하고, 독방에도 밀어 넣었지만, 만해의 의지는 끝까지 꺾이지 않았고, 결국에는 그들이 나가 떨어진 것입니다. 그들은 이렇게 넋두리 했습니다. "그 놈이 흉악한 조선 중놈의 오야붕이라는 군."

만해가 옥고를 치르는 동안 옥바라지는 주로 상좌 춘성이 맡았습니다. 면회를 하러 가면 만해는 아주 건강한 모습이었습니다. 조금도 괴로워하는 기색을 찾아볼 수 없었습니다. 만해는 세속을 초탈한 선사였습니다. 밤낮을 가리지 않고 좌선에 몰두하는 그는 언제나 활불처럼 싱그러웠습니다. 철창에 갇혔어도 밝은 달을 보는 그는 조국과 동포를 함께 생각하며 님의 세계를 묵상하곤 했습니다. 옥중에서 이런 시를 읊었습니다.

다만 한 생각에 티끌 없는 참선의 깨우침이 있어
철창에 갇혀 밝은 달 보며 스스로 정신이 든다.
근심이나 즐거움은 본래 헛되고 마음만이 있어
부처님 마음도 세인들이 찾은 이것 일세
농산의 앵무새도 능히 말을 할 줄 알건만
저 새만도 못한 내 부끄러움 어이할까.
웅변은 은이요, 침묵이 금이라면
이 금으로 자유의 꽃이란 꽃을 다 사들여 보리.

– 옥중음 이수 獄中吟 二首

1921년, 만해가 출옥하는 날이었습니다. 사회 저명인사들이 서대문 형무소 앞으로 대거 찾아왔습니다. 자유의 몸이 된 만해를 맞이하려는 사람들이었습니다. 만해는 그들을 너그럽게 대할 수 없었습니다. 모두가 아는 사람들이었지만 대부분은 약삭빠른 사람들이었습니다. 개중에는 독립선언서에 서명하기로 약속까지 했지만 마지막에는 꽁무니를 뺐던

사람들도 있습니다. 만해는 자신을 맞이하러 온 그들의 호의를 받아들일
수 없었습니다. "여보게들! 내 인사 좀 받으려나? 내 인사를 ⋯." 하면서
쉬지 않고 침을 뱉었습니다. "그대들은 나를 마중할 줄은 아는 모양인
데, 왜 내 인사를 받을 줄 몰라!"

님의 침묵, 민족 문학의 지표가 되다

1925년 만해는 다시 백담사로 들어갑니다. 3·1운동의 주동자로 3년 형
을 받고 2년 9개월만에 출소한 이후 철창철학 강연1922년에서 열변을 토
하고, 조선물산 장려회운동1923년을 온 몸으로 지원하고, 조선불교청년
회 총재1924년에 취임해 불교개혁과 민족의식 회복운동에 왕성한 열정을
쏟아붓던 그 즈음입니다.

백담사 가는 길은 그때나 지금이나 쉽지는 않습니다. 서울에서 인제를
거쳐 원통 용대리에서 설악산으로 접어들어 아름드리 수목 울창한 산길
을 20리8km는 더 들어가야 하는 여정입니다. 산허리를 휘돌아가는 아름
다운 계곡, 몇 길 물속에 잠긴 조약돌의 무늬까지 선명하게 보이는 맑은
물, 오묘한 형상의 바위군⋯, 수려하고 장엄한 자연의 조화에 발길을 옮
기기조차 아까운 정경이 파노라마처럼 눈 앞에 펼쳐집니다. 이런 산중에
백담사가 자리 잡고 있습니다. 억만 겁의 세상 이야기를 간직한 자갈밭,
아름드리 송백의 숲은 완벽한 자연 그대로입니다. 떠나간 님을 그리는
만해는 그 자연 속으로 들어왔습니다. 만해는 백담사를 품은 자연과 물

아일체의 경지로 빠져들었습니다. 그리고는 밤이나 낮이나 비장하게 침묵했습니다. 침묵 속에서 님을 부를 노래를 준비했습니다.

적막속에 파묻힌 백담사 한쪽 작은 방에서 만해는 온 가슴으로 불렀던 님을 글로 옮기기 시작했습니다. 님을 그리는 순간, 침묵 속에서 정렬된 민족과 중생과 불법의 노래가 용암처럼 분출하기 시작했습니다. 모두 88편의 시를 쏟아냈습니다. 이 시를 『님의 침묵』이라는 제목의 책으로 묶었습니다. 1925년 8월 29일입니다. 『님의 침묵』은 일관되게 님을 그리는 사랑의 노래입니다. 시 「군말」에서 님의 정체를 파악할 수 있습니다.

군 말

〈님〉만 님이 아니라 기룬 것은 다 님이다.
중생이 석가의 님이라면 철학은 칸트의 님이다.
장미화의 님이 봄비라면 마치니의 님은 이태리다.
님은 내가 사랑할 뿐 아니라 나를 사랑 하느니라.
연애가 자유라면 님도 자유일 것이다.
그러나 너희는 이름 좋은 자유의 알뜰한 구속을 받지 않느냐.
너에게도 님이 있느냐. 있다면 님이 아니라 너의 그림자니라.
나는 해 저문 벌판에서 돌아가는 길을 잃고 헤매는 어린 양이 기루어서
이 시를 쓴다.

님은 민족이면서 동시에 조국입니다. 부처님이자 중생입니다. 자유와

『님의 침묵』 초판본(하)과 재판본(상)

평화를 상징하는 살아 있는 실체입니다. 그리고 님과 나는 일체입니다. 그런 님이 떠나갔습니다. 그래서 나는 길을 잃고 헤매는 슬픔 가득한 중생입니다. 그렇지만 나는 떠날 때 다시 만날 것을 믿는 것처럼, 돌아올 것을 굳게 믿고 있습니다. 놀라운 신념이고, 굳은 의욕입니다.

님의 침묵

님은 갔습니다. 아아, 사랑하는 나의 님은 갔습니다.

푸른 산 빛을 깨치고 단풍나무 숲을 향하여 난 작은 길을 걸어서 차마 떨치고 갔습니다.

황금의 꽃같이 굳고 빛나던 옛 맹세는 차디찬 티끌이 되어서 한숨의 미풍에 날아갔습니다.

날카로운 첫 키스의 추억은 나의 운명의 지침을 돌려놓고 뒷걸음쳐서 사라졌습니다.

나는 향기로운 님의 말소리에 귀먹고 꽃다운 님의 얼굴에 눈멀었습니다.

사랑도 사람의 일이라 만날 때는 미리 떠날 것을 염려하고 경계하지 아니한 것은 아니지만, 이별은 뜻밖의 일이 되고 놀란 가슴은 새로운 슬픔에 터집니다.

그러나 이별은 쓸데없는 눈물의 원천으로 만들고 마는 것은, 스스로 사랑을 깨치는 것인 줄 아는 까닭에 걷잡을 수 없는 슬픔의 힘을 옮겨서 새 희망의 정수리에 들어부었습니다.

우리는 만날 때 염려하는 것과 같이 떠날 때 다시 만날 것을 믿습니다.

아아, 님은 갔지만 나는 님을 보내지 아니하였습니다.

제 곡조를 못 이기는 사랑의 노래는 님의 침묵을 휩싸고 돕니다.

시집 『님의 침묵』은 1926년 5월 20일에 발간했습니다. 『님의 침묵』은 발간되자마자 문단에 일대 충격을 던졌습니다. 만해는 『님의 침묵』 한 권으로 우리나라 문학사에서 결코 뺄 수 없는 결정적인 자취를 남겼습니다.

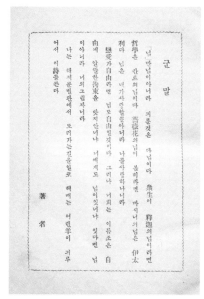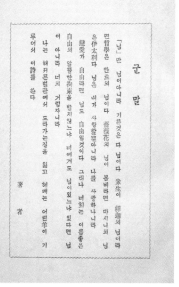

님의 침묵 초판본(좌)과 재판문(우)의 「군말」

『님의 침묵』에 수록된 88수의 시 가운데 몇 수를 뽑았습니다.

알 수 없어요

바람도 없는 공중에 수직의 파문을 내이며 고요히 떨어지는 오동잎은 누구의 발자취입니까.

지리한 장마 끝에 서풍에 몰려가는 무서운 검은 구름의 터진 틈으로 언뜻언뜻 보이는 푸른 하늘은 누구의 얼굴입니까.

꽃도 없는 깊은 나무에 푸른 이끼를 거쳐서 옛 탑 위의 고요한 하늘을 스치는 알수 없는 향기는 누구의 입김입니까.

근원은 알지도 못할 곳에서 나서 돌부리를 울리고 가늘게 흐르는 작은 시내는 굽이굽이 누구의 노래입니까.

연꽃 같은 발꿈치로 가이없는 바다를 밟고, 옥 같은 손으로는 끝없는 하늘을 만지면서 떨어지는 날을 곱게 단장하는 저녁놀은 누구의 시입니까.

타고남은 재가 다시 기름이 됩니다. 그칠 줄 모르고 타는 나의 가슴은 누구의 밤을 지키는 약한 등불입니까.

나의 길

이 세상에는 길이 많기도 합니다.

산에는 돌길이 있습니다. 바다에는 뱃길이 있습니다.

공중에는 달과 별의 길이 있습니다.

강가에서 낚시질하는 사람은 모래위에 발자취를 냅니다.

들에서 나물 캐는 여자는 방초를 밟습니다.

악한 사람은 죄의 길을 좇아갑니다.

의 있는 사람은 옳은 일을 위하여 칼날을 밟습니다.

서산에 지는 해는 붉은 놀을 밟습니다.

봄 아침의 맑은 이슬은 꽃 머리에서 미끄럼 탑니다.

그러나 나의 길은 이 세상에 둘밖에 없습니다.

하나는 님의 품에 안기는 길입니다.

그렇지 아니하면 죽음의 품에 안기는 길입니다.

님의 침묵 시비 동국대학교 교정에 세워져 있다.

그것은 만일 님의 품에 안기지 못하면

다른 길은 죽음의 길보다 험하고 괴로운 까닭입니다.

아아, 나의 길은 누가 내었습니까.

아아, 이 세상에는 님이 아니고는 나의 길을 낼 수가 없습니다.

그런데 나의 길을 님이 내었으면 죽음의 길은 왜 내셨습니까.

나룻배와 행인

나는 나룻배,

당신은 행인.

당신은 흙발로 나를 짓밟았습니다.

나는 당신을 안고 물을 건너갑니다.

나는 당신을 안으면 깊으나 얕으나 급한 여울이나 건너갑니다.

만일 당신이 아니 오시면 나는 바람을 쐬고 눈비를 맞으며

밤에서 낮까지 당신을 기다리고 있습니다.

당신은 물만 건너면 나를 돌아보지도 않고 가십니다 그려.

그러나 당신이 언제든지 오실 줄만은 알아요.

나는 당신을 기다리면서 날마다날마다 낡아갑니다.

나는 나룻배,

당신은 행인.

    문학평론가 염무웅은 "만해의 시가 진실로 위대한 까닭은 "그것이 단지 님의 침묵을 깨닫는 데만 그치지 않고, 그 님이 돌아올 것을 확실히 믿고 굳게 기다릴 줄 아는 지혜와 용기를 보여 준 데에 있다"고 평가합니다. 이런 점에서 만해의 시는 무엇보다 벅찬 희망의 노래라는 것입니다. 그는 "만해는 민족 시인으로서 남의 나라 식민지로 떨어진 민족적 현실을 뼈아프게 체험하고, 그 아픔을 처음으로 근대적인 시 형태 속에 형상화했다는 데서, 또 그 자신이 발행했던 「유심」에 이미 『님의 침묵』과 유사한 두 세 편의 시 작품을 발표함으로써 「창조(1919)」의 동인들 보다 앞서고 있다는 데서 우리 문학사에서 최초의 근대 시인으로 꼽혀야 한다."고 주장하고 있습니다.

사학자 홍이섭은 "한국 현대문학은 반식민지적인 정신에 투철한 동시에 문학으로서 향기와 미를 갖추어야 한다." 며, "이런 조건에서 이뤄진 최초의 작품으로 주저 없이『님의 침묵』을 꼽을 수밖에 없다"고 적고 있습니다. 이 님을 무엇이라고 굳이 꼬집어 말하지 않아도 우리는 만해의 시에서 민족의 비운을 슬퍼하고, 독립을 갈

나룻배와 행인 시비 남한산성 만해기념관에 세워져있다.

망한 강한 의지를 읽을 수 있고, 부처님께 귀의 공양하는 무한히 깊은 신심에 함께 젖을 수 있으며, 중생으로 향하는 지극한 보살심에 그대로 동화할 수있게 되는 것입니다.

같은 해에 만해는『십현담주해』를 탈고해서 이듬해인 1926년에 간행하였습니다. 중국 당나라 선승 상찰이 당시 조동종의 가풍과 승려들의 실천 지침 등을 7언율시 형식으로 10수의 게송을 내놨습니다. 이것이『십현담』입니다. 이를 토대로 조선시대 김시습이 해석을 붙여『십현담요해』를 남겼습니다. 만해는 김시습의 해석이 자신의 견해와는 다른 점을 발견하고 새로 해석을 붙여『십현담주해』를 간행한 것입니다.

앞서 살펴본『불교대전』이 불교 현대화, 대중화를 피력하면서 중생에

게로 회향하는 역작이었다면, 『십현담주해』는 불교의 심오한 뜻, 선의 향상일구向上一句, 끝없이 초월하는 깨달음의 경지를 거침없이 파헤친 만해 내면세계의 조사였다고 연구가들은 말합니다. 『유마경 강의』도 만해가 남긴 특출한 저작입니다.

이 밖에도 『흑풍』(1935, 조선일보), 『후회』(1936, 중앙일보), 『박명』(1938, 조선일보) 등의 장편소설과 『철혈미인』(미완, 1937)과 『죽음』(유작) 등의 작품을 집필하고, 적지 않은 한시와 시조 작품들을 남겼습니다.

만해가 남긴 이들 작품의 문학사적 가치와 향기는 『님의 침묵』과 영원히 꺼지지 않는 등불이 될 것입니다.

철창철학, 오직 한 길로

만해는 1921년 12월 22일 경성감옥에서 출옥했습니다. 그의 일상은 다시 변함없는 행동으로 이어졌습니다. 1922년 3월에는 법보회를 발기하고, 5월에는 조선불교청년회 주최로 '철창철학鐵窓哲學'이라는 연제로 강연했습니다. 옥고를 마친 후 처음 갖는 대중연설이었습니다.

강연장은 청중들로 초만원이었습니다. 만해는 종횡무진 열변으로 장내의 분위기를 제압했습니다. "개성 송악산에 흐르는 물이 만월대의 티끌은 씻어가도 선죽교의 피는 못 씻으며, 진주 남강에 흐른 물이 촉석루의 먼지는 씻어가도 의암에 서린 논개의 이름은 씻지 못합니다." 장내는 박수와 환호성에 묻혔습니다. 그 자리에 있던 일본인 미와 형사도 박수를 쳤습니다. 철창철학 강연은 그야말로 장안의 화제가 됐습니다. 1923년에는 물산장려운동, 불교 개혁운동, 민립대학 설립운동을 벌이면서 가는 곳마다 청중을 감동시켰습니다.

1924년에는 조선불교청년회 총재로 취임해 대중 불교운동에 온 힘을 쏟았습니다. 총재 취임 후에는 불교청년회의 행동대 격인 「불교유신회」를 만들어 민중의 자각과 개혁을 위한 대대적인 실천운동을 주도했습니다.

1927년엔 일제의 조선불교 말살정책에 맞서기 위해 불교청년회를 조선불교총동맹으로 개편하고 10년 넘게 이 단체를 이끌었습니다. 만해의 불교운동은 일제에 항거하는 민족운동이었고, 그것은 곧 조국의 광복운동이었습니다. 만해는 불교가 이웃과 사회를 위하여 존재해야 한다고 했습니다. 불교도와 불교 교단이 민족문제와 사회문제에 적극적인 관심을 가져야 하는 이유도 여기에서 찾았습니다. 만해는 속세에서 살되 속세에 물들지 않고, 불법佛法을 설하면서도 불법에 치우지지 않은 선지식이었습니다.

같은 해에 서울에서 좌우합작의 단일투쟁 기구로 신간회가 조직되자 이에 참여하여 중앙 집행위원과 경성지회장직을 맡았습니다.

1929년 광주에서 학생운동이 일어나자 신간회 조직을 통해 조병옥, 김병로 등과 함께 조선민중 전체에 이 사실 전모를 알리는 민중대회를 개최했습니다.

1931년에는 『불교』지를 인수하여 불꽃 튀는 논설로써 교계의 각성을 축구하고 청년 불교도들을 격려했습니다. 그 이듬해에는 불교청년들의 비밀 결사인 『만당卍堂』의 영수로 추대되어 임종 때까지 이들을 지도했습니다. 비밀결사가 탄로 나고 청년 불교도들이 검거돼 옥고를 치를 때마다, 스님은 일신의 괴로움은 뒤로 한 채 진주, 대구 등의 교도소를 찾아 갇힌 애국 청년들을 일일이 격려하고 민족혼을 불어넣었습니다.

1932년 만해의 나이 54세 때, 불교계에서 조선불교를 대표하는 인물이 누구인지를 묻는 투표가 있었습니다. 만해는 422표를 얻었습니다. 당대의 고승으로 불리던 방한암이 18표, 박한영이 13표, 백용성 스님이 3표를 얻었습니다. 당시 불교지 93호에 이런 결과가 실렸습니다. 만해에 대한 존경과 신망이 어떠했는지를 헤아릴 수 있는 대목입니다.

1937년 3월 3일, 독립운동가 김동삼이 서대문 형무소에서 옥사했습니다. 만해는 제일 먼저 달려가 그 시신을 심우장으로 모셔와 오일장을 지냈습니다. 만해는 일송은 독립하면 나라를 수습할 인물이라며 그의 죽음은 민족의 큰 불행이라며 목놓아 울었습니다.

만해는 회유의 돈뭉치를 들고 오는 일제 앞잡이에게 그 돈뭉치로 면상을 후려치고, 술좌석에서 무심코 일본 말을 지껄이는 친구를 가차 없이 면박 줬습니다. 학병출정을 독려하는 글에 이름만이라도 빌려 달라고 찾아온 신문기자의 카메라를 뺏어 던져버리는가 하면, 식민지 교육은 필요 없다며 외딸의 학교 교육도 외면하고, 민적도 거부하며 외롭고도 괴로운 칼날 같은 고난의 길 위를 거침없이 걸으셨습니다.

시인 조지훈은 "「조선독립의 서」에서 만해가 예언한 대로 일제의 군국주의가 만주를 침략하고, 전쟁을 중국 전역으로 확대하고, 가혹해지는 탄압과 함께 태평양 전쟁을 일으키는 와중에 3·1 독립선언의 동지였던 최린이 변절하고, 육당과 춘원이 변절하고, 그 밖의 많은 이름 있는 인사들이 하나 둘씩 변절해 가는 그 어려운 상황에도 선생은 오직 독립의 외길만을 걸었다. 마침내 최후의 의인으로서 종생終生을 맞았다."고 술회했습니다.

심우장에서 살다

만해는 일제가 주의할 인물로 찍어 어디라도 따라다니며 감시하는 바람에 늘 갈 곳이 없었습니다. 만해를 존경하는 사람들은 그가 조금이라도 편하게 여생을 보내도록 하려고 양산 통도사로 모시고 갔습니다. 만해가 통도사에 가자마자 일제 앞잡이 형사들이 기미를 알아채고 달려왔습니다. 경찰들은 "왜 그를 여기로 내려오게 했는가?" 라며 통도사 승려들을 볶아 댔습니다. 만해로서는 난감했습니다. 만해가 펜을 들었습니다.

    너는 영웅호걸의 피를 빨고
    어린아이의 피도 빨고
    지조가 없는 얄미운 놈이다.
    하지만 너에게 두 손 합장하고
    크게 배울 것 하나는

동족의 피를 빨지 않는다는 점이다.

「모기」라는 제목이 붙은 이 시가 조선일보에 실렸습니다. 이를 보고 만해의 뒤를 쫓아다니던 조선인 형사는 슬그머니 모습을 감추고 말았습니다.

통도사 스님들의 불편을 그냥 보고만 있을 수 없었던 만해는 다시 서울로 올라왔습니다. 서울로 돌아온 만해는 주변 인사의 소개로 당시 유명 병원 간호사로 일하던 유숙원을 부인으로 맞았습니다. 만해의 나이 55세 때입니다. 유 씨는 혼인을 포기하고 평생을 간호사로 살 생각이었다고 전해집니다. 만해는 재혼한 지 1년 만에 외동딸 영숙을 낳았습니다.

만해 일가는 성북동 외진 곳에 셋방살이로 어렵게 살았습니다. 일제는 만해가 잡지나 신문에 기고하는 모든 글을 샅샅이 검열해 봉쇄해버렸습니다. 원고료가 아주 끊겨 버린 겁니다. 그 때 조선일보를 경영하던 방응모 사장과 박광 등이 성금을 내고 벽산 스님이 집터를 기증하면서 집을 짓게 됐습니다. 지인들은 되도록 남향으로 터를 잡아 볕도 잘 들고, 샘도 가깝게 하려고 했습니다.

만해는 "안 되지! 그 꿈에도 보기 싫은 돌집을 향한 집에 살다니…. 볕이 안 들고 샘물이 없더라도 여기는 안 되겠어." 결국 집은 동북향의 응달에 들어섰습니다. 살아갈 집이 생겼습니다. 방 세 칸에 부엌 하나, 크지 않은 집이지만 그래도 전통적인의 팔작지붕에 조선기와를 올렸습니다. 잔주

름 늘어가던 부인은 좋아서 어쩔 줄 몰라 했다고 전해 옵니다.

그렇게 성북동 집은 낙성됐습니다. 댁호는 심우장尋牛莊, 소를 찾는 집이란 뜻입니다. 선가에서는 심우장을 무상대도無上大道를 깨치기 위해 공부하는 집이라는 뜻으로 이해합니다. 심우장은 만해에게 큰 안식처가 됐습니다. 이곳에서 만해는 마지막까지 몸과 마음을 닦았습니다. 조선 땅 어디라도 일제의 발아래 짓밟히지 않은 곳이 없었지만 심우장만은 민족의 혼을 간직한 마지막 보루로 남았습니다.

육신은 한 줌의 재로 돌아가고…

남달리 건강하던 만해도 육신의 종언은 피할 수 없었습니다. 태평양 전쟁이 점점 치열해져 가던 1944년 6월 초, 만해의 가계 형편도 극도로 어려웠습니다.

어느 날 아침, 만해는 평소와 마찬가지로 빗자루를 들고 집안을 청소하던 중에 갑자기 쓰러졌습니다. 제대로 먹지를 못해 몸이 약해진 데다가, 연일 들려오는 전쟁 소식에 불편해진 마음도 건강을 해치는 원인이 됐습니다. 만해는 몸이 괴롭다며 자리에 누웠습니다. 다소 차도가 있는 날은 지팡이를 짚고 마당에 나와 아쉬움 가득한 눈빛으로 삼각산이며 먼 하늘을 올려다보곤 했습니다. 건강은 나날이 나빠졌습니다. 적음 스님이 몇 차례 침을 놓기는 했지만 더 이상 건강을 회복하지 못했습니다. 만해는 1944년 6월 29일 밤, 음력 5월 9일 심우장에서 열반에 들었습니다. 성북동

낙락장송의 신록이 왕성한 시절이었습니다. 목숨이 다하는 날까지 간절하게 님을 찾다가 영원히 돌아오지 않을 먼 곳으로 떠나갔습니다.

법랍 40년, 향년 66세.

만해는 불그스레한 얼굴에 평소와 같은 모습으로 잠들었습니다. 그를 추도하려는 민족지사, 지기지우, 제자들이 찾아왔습니다. 정인보, 이인, 김병로, 박광, 김관호, 조지훈…, 그리고 애제자들도 그의 곁을 떠날 줄 몰랐습니다. 정인보는 추모의 시조를 바쳤습니다.

풍란화 매운 향기
님에게야 견줄 손가.
이 날에 님 계시면
별도 아니 더 빛날까.
불토佛土가 이 외 없으니
혼아 돌아오소서.

만해의 장례식은 독립지사 김동삼을 화장했던 미아리의 조그만 화장터에서 조촐하게 진행됐습니다. 민족 말살 정책이 최고조로 치닫던 시절 일제 총독부는 만해의 일상을 철저하게 감시했습니다. 만해의 장례식에조차 많은 사람이 참석하지 못했습니다. 하지만 어디라도 따르려던 제자들이 다비를 받들었습니다. 육신은 회색 잿더미로 변했습니다. 그 잿더미 속에서 오직 치아만이 타지 않고 고스란히 남았습니다. 눈물로 스님을 보내던 대중은 경이로운 사리 앞에 경건하게 합장했습니다. 그들은 만해가 생전에 쌓은 심오한 수행 공덕으로 나타난 이적으로 여겼습니다. 그리고 이를 조국 광복의 길조로 여기며 슬픔 속에서도 부푼 희망을 안고 합장했습니다.

조종현1906~1989은 이런 추모의 시를 남겼습니다.

만해는 중이냐? 중이 아니다

만해는 시인이냐? 시인도 아니다.

만해는 한국 사람이다. 뚜렷한 배달민족이다. 독립지사다. 항일투사다.

강철 같은 의지로 불덩이 같은 정열로

대쪽 같은 절조로 고고한 자세로

서릿발 같은 기상으로 최후의 일각까지 몸뚱이로 부딪쳤다.

마지막 숨 거둘 때까지 굳세게 결투했다.

꿋꿋하게 걸어갈 때 성역聖域을 밟기도 했다.

보리수 그늘에서 바라보면

중으로도 선사禪師로도 보였다.

예술의 산허리에서 돌아보면

시인으로도 나타나고 소설가로도 등장했다.

만해는 어디까지나 끝까지 독립지사였다. 항일투사였다.

만해의 진면목은 생사를 뛰어 넘은 사람이다. 배달의 얼이다.

만해는 중이다. 그러나 중이 되려고 중이 된 건 아니다. 항일투쟁하기 위해서다.

만해는 시인이다. 하지만 시인이 부러워 시인이 된 건 아니다.

님을 뜨겁게 절규했기 때문이다.

만해는 웅변가다.
그저 말을 뽐낸 건 아니고
심장에서 끓어오르는 것을 피로 뱉었을 뿐이다.
어쩌면 그럴까? 그렇게 될까?
한 점 뜨거운 생각이 있기 때문이다.
도사렸기 때문이다.

고뇌의 세속 중생 곁에서 영원히 함께할 만해 한용운 스님의 유해는
망우리 묘지에 모셔져 있습니다.

만해 묘소 참배 한양대학교 불교학생회는 70년대 초부터 매년 3월 1일이면 만해 묘소를 찾아 참배하고 선생의 뜻을 기렸다.

백담사 전경

한양대불교학생회·동문회 합동 템플스테이
2013년 8월, 건봉사

3장

가슴으로 읽는 만해의 글

자유는 만유의 생명이요, 평화는 인생의 행복이다.

그러므로 자유가 없는 사람은 죽은 시체와 같고

평화를 잃은 자는 가장 큰 고통을 겪는 사람이다.

압박을 당하는 사람의 주위는 무덤으로 바뀌는 것이며

쟁탈을 일삼는 자의 주위는 지옥이 되는 것이니,

세상의 가장 이상적인 행복의 바탕은 자유와 평화에 있는 것이다.

조선독립의 서 朝鮮獨立의 書

조선독립에 대한 감상의 개요

1. 개 론

자유는 만유의 생명이요, 평화는 인생의 행복이다. 그러므로 자유가 없는 사람은 죽은 시체와 같고 평화를 잃은 자는 가장 큰 고통을 겪는 사람이다. 압박을 당하는 사람의 주위는 무덤으로 바뀌는 것이며 쟁탈을 일삼는 자의 주위는 지옥이 되는 것이니, 세상의 가장 이상적인 행복의 바탕은 자유와 평화에 있는 것이다.

그러므로 자유를 얻기 위해서는 생명을 터럭처럼 여기고 평화를 지키기 위해서는 희생을 달게 받는 것이다. 이것은 인생의 권리인 동시에 또한 의무이기도 하다. 그러나 참된 자유는 남의 자유를 침해하지 않음을 한계로 삼는 것으로서 약탈적 자유는 평화를 깨뜨리는 야만적 자유가 되는 것이다. 또한 평화의 정신은 평등에 있으므로 평등은 자유의 상대가 된다. 따라서 위압적인 평화는 굴욕이 될 뿐이니 참된 자유는 반드시 평화를 동반하고, 참된 평화는 반드시 자유를 함께 해야 한다. 실로 자유와 평화는 전 인류의 요구라 할 것이다.

그러나 인류의 지식은 점차적으로 발전하는 것이다. 역사는 인류가 몽매한 데서부터 문명으로, 쟁탈에서부터 평화로 발전하고 있음을 사실로써 증명하고 있다. 인류 진화의 범위는 개인적인 데로부터 가족, 가족적인 데로부터 부락, 부락적인 것으로부터 국가, 국가적인 것에서 세계, 다시 세계적인 것에서 우주주의로 진보하는 것인데 여기서 부락주의 이전은 몽매한 시대의 티끌에 불과하니 고개를 돌려 감회를 느끼는 외에 별로 논술할 필요가 없는 것이다.

다행인지 불행인지 18세기 이후의 국가주의는 전 세계를 휩쓸고 있다. 이 소용돌이 속에서 제국주의가 대두되고 그 수단인 군국주의를 낳음에 이르러서는 이른바 우승열패, 약육강식의 이론이 만고불변의 진리로 인식되기에 이르렀다. 그리하여 국가 간에, 또는 민족 간에 죽이고 약탈하는 전쟁이 그칠 날이 없어, 몇천 년의 역사를 가진 나라가 잿더미가 되고 수십 만의 생명이 희생당하는 사건이 이 세상에 일어나지 않는 곳이 없을 지경이다. 대표적인 군국주의 국가가 서양의 독일이요, 동양의 일본이다.

이른바 강대국 즉 침략국은 군함과 총포만 많으면 스스로의 야심과 욕망을 충족시키기 위하여 도의를 무시하고 정의를 짓밟는 쟁탈을 행한다. 그러면서도 그 이유를 설명할 때에는 세계 또는 어떤 지역의 평화를 위한다거나 쟁탈의 목적물 즉 침략받는 자의 행복을 위한다거나 하는 기만적인 헛소리로써 정의의 천사국으로 자처한다. 예를 들면 일본이 폭력으로 조선을 합병하고 2천만 민중을 노예로 취급하면서도, 겉으로는 조선을 병합함이 동양의 평화를 위함이요, 조선민족의 안녕과 행복을 위한다고 하는 것이 그것이다.

약자는 본래부터 약자가 아니오, 강자 또한 언제까지나 강자일 수 없는 것이다. 갑자기 천하의 운수가 바뀔 때는 침략전쟁의 뒤꿈치를 물고 복수를 위한 전쟁이 일어나는 것이니 침략은 반드시 전쟁을 유발하는 것이다. 그러므로 어찌 평화를 위한 전쟁이 있겠으며, 또 어찌 자기 나라의 수 천 년 역사가 외국의 침략에 의해 끊기고, 몇백, 몇천만의 민족이 외국인의 학대 하에 노예가 되고 소와 말이 되면서 이를 행복으로 여길 자가 있겠는가.

어느 민족을 막론하고 문명 정도의 차이는 있을지언정 피가 없는 민족은 없는 법이다. 이렇게 피를 가진 민족으로서 어찌 영구히 남의 노예가 됨을 달게 받겠으며 나아가 독립자존을 도모하지 않겠는가. 그러므로 군국주의 즉 침략주의는 인류의 행복을 희생시키는 가장 흉악한 마술에 지나지 않는다. 어찌 이 같은 군국주의가 무궁한 생명을 유지할 수 있겠는가. 이론보다 사실이 그렇다. 칼이 어찌 만능이며 힘을 어떻게 승리라 하겠는가. 정의가 있고 도의가 있지 않은가. 침략만을 일삼는 극악무도한 군국주의는 독일로서 그 막을 내리지 않았는가. 귀신이 곡하고 하늘이 슬퍼할 구라파전쟁은 대략 1천만의 사상자를 내고 몇억의 돈을 허비한 뒤 정의와 인도를 표방하는 기치아래 강화 조약을 성립하게 되었다. 그러나 군국주의의 종말은 실로 그 빛깔이 그지없었다.

전 세계를 유린하려는 욕망을 채우기 위하여 노심초사 20년간 수백만의 청년을 수백 마일의 싸움터에 배치하고 장갑차와 비행기와 군함을 몰아 좌충우돌, 동쪽을 찌르고 서쪽을 쳐 싸움을 시작한 지 3개월 만에 파리를 함락한다고 스스로 외치던 카이제르의 호언은 한때 장엄함을 보였었다. 그러나 이것은 군국주의의 결별을 뜻하는 종곡에 지나지 않았다.

이상과 같은 호언장담뿐이 아니라 독일의 작전 계획도 실로 탁월하였다. 휴전회담을 하던 날까지 연합국 측의 군대는 독일 국경을 한 발자국도 넘지 못하였으니 비행기는 하늘에서, 잠수함은 바다에서, 대포는 육지에서 각각 그 위력을 발휘하여 싸움터에서 그 찬란한 빛을 발하였던 것이다. 그러나 이것도 군국주의 낙조의 반사에 불과하였다.

아아, 1억만 인류의 머리 위에 군림하고, 세계를 손아귀에 넣을 것을 다짐하면서 세계에 선전을 포고했던 독일 황제, 그리하여 한때는 종횡무진으로 백전백승의 느낌마저 들게 했던 독일 황제가 하루아침에 생명이나 하늘처럼 여기던 칼을 버리고 처량하게도 멀리 네덜란드 한구석에서 겨우 목숨만 지탱하게 되었으니 이 무슨 돌변이냐. 이는 곧 카이제르의 실패일 뿐 아니라 군국주의 실패로써 통쾌함을 금치 못하는 동시에 그 개인을 위해서는 한 가닥 동정을 아끼지 않는 바이다.

그런데 연합국 측도 독일의 군국주의를 타파한다고 큰소리쳤으나 그 수단과 방법은 역시 군국주의 유물인 군함과 총포 등의 살인 도구였으니 오랑캐로서 오랑캐를 친다는 점에서는 무엇이 다르겠는가. 독일의 실패가 연합국의 전승을 말함이 아닌 즉 많은 강대국과 약소국이 합력하여 5년간의 지구전으로도 독일을 제압하지 못한 것은 이 또한 연합국 측의 군국주의 실패가 아닌가. 그러면 연합국 측의 대포가 강한 것이 아니었고 독일의 칼이 약한 것이 아니었다면 어찌하여 전쟁이 끝나게 되었는가. 정의와 인도의 승리요, 군국주의의 실패 때문인 것이다. 그렇다면 정의와 인도, 즉 평화의 신이 연합국과 손을 잡고 독일의 군국주의를 타파했다는 말인가. 아니다. 정의와 인도 즉 평화의 신이 독일 군민과 손을 잡고 세계의 군국주의를 타파한 것이다. 이것이 곧 전쟁 중에 일어난 독일의 혁명이다.

독일 혁명은 사회당의 손으로 이룩된 것인 만큼 그 유래가 오래고 또한 러시아 혁명의 자극을 받은 바 없지 않을 것이다. 그러나 총괄적으로 말하면 전쟁의 쓰라림을 느끼고 군주주의 잘못을 통감한 사람들이 전쟁을 스스로 파기하고 군국주의의 칼을 분질러 그 자살을 도모함으로써 공화 혁명의 성공을 얻고 평화적인 새 운명을 개척한 것이다. 연합국은 이 틈을 타 어부지리를 얻은 것에 불과하다.

이번 전쟁의 결과는 연합국뿐만 아니라 또한 독일의 승리라고도 할 수 있겠다. 어째서 그러한가. 만약 이번 전쟁에 독일이 최후의 결전을 시도했다면 그 승부를 예측할 수 없었을 것이며, 또한 독일이 설사 한때 승리를 거두었다 하더라도 반드시 연합국의 복수 전쟁이 일어나 독일이 망하지 않으면 군대를 해산하지 않았을 것이다. 그러므로 독일이 패전한 것이 아니고 승리했다고도 할 수 있는 때는 단연 굴욕적인 휴전 조약을 승낙하고 강화에 응한 것은 기회를 보아 승리를 먼저 차지한 것으로서, 이번 강화회담에서도 어느 정도의 굴욕적인 조약에는 무조건 승리하리라 믿어 의심치 않는다(3월 1일 이후의 소식은 알 수 없음). 따라서 지금 보아서는 독일의 실패라 할 것이지만 긴 안목으로 보면 독일의 승리라 할 것이다.

아아, 유사 이래 처음 있는 구라파전쟁과 기이하고 불가사의한 독일의 혁명은 19세기 이전의 군국주의 침략주의의 전별회가 되는 동시에 20세기 이후의 정의, 인도주의 국가의 개막이 되는 것이다. 카이제르의 실패가 군국주의 국가의 머리에 철퇴를 가하고 윌슨의 강화회담 기초 조건이 각 나라의 메마른 땅에 봄바람을 전해 주었다. 이리하여 침략자의 압박 하에서 신음하던 민족은 하늘을 날 기상과 강물을 쪼갤 형세로 독립 자결을 위해 분투하게 되었으니 폴란드의 독립선언이 그것이요, 체코의 독립이 그것이며, 아일랜드의 독립선언이 그것이고, 또한 조선의 독립선언이 그것이다(3월 1일까지의 상태).

각 민족의 독립 자결은 자존성의 본능이요, 세계의 대세이며, 하늘이 찬동하는 바로서 전 인류의 앞날에 올 행복의 근원이다. 누가 이를 억제하고 누가 이것을 막을 것인가.

2. 조선 독립선언의 동기

일본이 조선을 합병한 이후 자존성이 강한 조선은 그 주위에서 일어나는 어느 한 가지 사실도 독립과 연관시켜 생각하지 않는 일이 없었다. 그러나 최근의 동기로 말하면 대략 세 가지로 나눌 수 있을 것이다.

1) 조선 민족의 실력

일본은 조선의 민의를 무시하고 암약한 주권자를 속여 몇몇 아부하는 무리와 더불어 합방이라는 흉포한 짓을 강행하였다. 그 후부터 조선 민족은 부끄러움을 안고 수치를 참는 동시에 분노를 터뜨리며 뜻을 길러 정신을 쇄신하고 기운을 함양하는 한편 어제의 잘못을 고쳐 새로운 길을 찾아왔다. 그리하여 일본의 방해에도 불구하고 외국에 유학한 사람도 수만에 달하였다. 그러므로 우리에게 독립정부가 있어 각 방면으로 원조 장려한다면 모든 문명이 유감없이 나날이 진보할 것이다.

국가는 모든 물질문명이 완전히 구비된 이후라야 꼭 독립되는 것은 아니다. 독립할 만한 자존의 기운과 정신적 준비만 있으면 충분한 것으로서 문명의 형식을 물질에서만 찾음은 칼을 들어 대나무를 쪼개는 것과 같으니 그 무엇이 어려운 일이라 하겠는가.

일본인은 항상 조선의 물질문명이 부족한 것으로 말머리를 잡으나 조선인을 어리석게 하고 야비케 하려는 학정과 열등교육을 폐지하지 않으면 문명의 실현은 보기 어려울 것이다. 이것이 어찌 조선인의 소질이 부족한 때문이겠는가. 조선인은 당당한 독립 국민의 역사와 전통이 있을 뿐만 아니라 현대 문명을 함께 나눌만한 실력이 있는 것이다.

2) 세계 대세의 변천

20세기 초부터 전 인류의 사상은 점점 새로운 빛을 띠기 시작하고 있다. 전쟁의 참화를 싫어하고 평화로운 행복을 바라고 각국이 군비를 제한하거나 폐지하려는 움직임을 보이고 있다. 만국이 서로 연합하여 최고 재판소를 두고 절대적인 재판권을 주어 국제문제를 해결하며 전쟁을 미연에 방지하자는 설도 나오고 있다. 그 밖에 세계 연방설과 세계 공화국설 등 실로 가지가지의 평화안을 제창하고 있으니 이는 모두 세계평화를 촉진하는 기운들이다.

소위 제국주의적 정치가의 눈으로 본다면 이것은 일소에 붙일 일일 것이나 사실의 실현은 시간문제일 뿐이다. 최근 세계의 사상계에 통절한 실제적 교훈을 준 것이 구라파전쟁과 러시아혁명과 독일혁명이 아닌가.

세계 대세에 대해서는 위에서 말한 바가 있으므로 중복을 피하거니와 한마디로 말하면 현재로부터 미래의 대세는 침략주의의 멸망, 자존적 평화주의의 승리가 될 것이다.

3) 민족자결 조건

미국 대통령 윌슨 씨는 독일과 강화하는 기초 조건, 즉 14개 조건을 제출하는 가운데 국제연맹과 민족자결을 제창하였다. 이에 대해 미국, 프랑스, 일본과 기타 여러 나라가 내용적으로 이미 국제연맹에 찬동하였으므로 그 본바탕, 즉 평화의 근본 문제인 민족자결에 대해서도 물론 찬성할 것이다. 이와 같이 각국이 찬동하는 뜻을 표한 이상 국제연맹과 민족자결은 윌슨 한 사람의 사사로운 말이 아니라 세계의 공언이며, 희망의 조건이 아니라 기성의 조건이 되었다. 또한 연합국 측에서 폴란드의 독립을 찬성하고, 체코의 독립을 위하여 거액의 군비와 적지 않은 희생을 무릅써 가며 영하 30도를 오르내리는 추위에도 불구하고 군대를 시베리아에 보내되 특히 일본과 미국이 크게 노력한 것은 민족자결을 사실상 원조한 사례일 것이다. 이것이 모두 민족 자결주의의 완성의 표상이니 어찌 기뻐하지 않겠는가.

3. 조선 독립선언의 이유

아아, 나라를 잃은 지 10년이 지나고 지금 독립을 선언한 민족이 독립선언의 이유를 설명하게 되니 실로 침통함과 부끄러움을 금치 못하겠다. 이제 독립의 이유를 네 가지로 나누어 보겠다.

1) 민족 자존성

들짐승은 날짐승과 어울리지 못하고 날 짐승은 곤충과 함께 무리를 이루지 못한다. 같은 들짐승이라도 기린과 여우나 삵은 그 거처가 다르고 같은 날짐승 중에서도 기러기와 제비, 참새는 그 뜻을 달리하며, 곤충 가운데서도 용과 뱀은 지렁이와 그 즐기는 바를 달리한다. 또한 같은 종류 중에서도 벌과 개미는 자기 무리가 아니면 서로 배척하여 한 곳에 동거하지 않는다.

이는 감정이 있는 동물의 자존성에서 나온 행동으로 반드시 이해득실을 따져 남의 침입을 배척하는 것이 아니라 다른 무리가 자기무리에 대하여 이익을 준다 해도 역시 배척하는 것이다. 이것은 배타성이 주체가 되어 그런 것이 아니라 같은 무리는 저희끼리 사랑하여 자존을 누리는 까닭에 자존의 배후에는 자연히 배타가 있는 것이다. 여기서 배타라 함은 자본의 범위 안에 드는 남의 간섭을 방어하는 것을 의미하며 자본의 범위를 넘어서까지 배척함을 뜻하는 것이 아니다. 따라서 자존의 범위를 넘어서 남을 배척하는 것은 배척이 아니라 침략이다.

인류도 마찬가지여서 민족 간에는 자존성이 있다. 유색인종과 무색인종 간에 자존성이 있고, 같은 종족 중에도 각 민족의 자존성이 있어 서로 동화하지 못하는 것이다. 예컨대 중국은 한 나라를 형성하였으나 민족적 경쟁은 실로 격렬하지 않았는가. 최근의 사실만 보더라도 청나라의 멸망은 겉으로 보기에는 정치적 혁명 때문인 것 같으나 실은 한민족과 만주족의 쟁탈에 연유한 것이다. 또한 티베트족이나 몽골족도 각자 자존을 꿈꾸며 기회만 있으면 궐기하려 하고 있다. 그 밖에도 아일랜드나 인도에 대한 영국의 동화 정책, 폴란드에 대한 러시아의 동화 정책, 그리고 수많은 영토에 대한 각국의 동화 정책은 어느 하나도 수포로 돌아가지 않은 것이 없다.

한 민족이 다른 민족의 간섭을 받으려 하지 않는 것은 인류가 공동으로 가진 본성으로서 이 같은 본성은 남이 꺾을 수 없는 것이며 또한 스스로 자기 민족의 자존성을 억제하려 하여도 되지 않는 것이다. 이 자존성은 항상 탄력성을 가져 팽창의 한도 즉 독립자존의 길에 이르지 않으면 멈추지 않는 것이니 조선의 독립을 감히 침해하지 못할 것이다.

2) 조국 사상

월나라의 새는 남녘의 나뭇가지를 생각하고 호마는 북풍을 그리워하는 것이니 이는 그 본바탕을 잊지 않기 때문이다. 동물도 이러하거늘 하물며 만물의 영장인 사람이 어찌 그 근본을 잊을 수 있겠는가.

근본을 잊지 못함은 인위적인 것이 아니라 천성이며 또한 만물의 미덕이기도 하다. 그러므로 인류는 그 근본을 못 잊을 뿐만 아니라 잊고자 해도 잊을 수가 없는 것이다. 반만년의 역사를 가진 나라가 오직 군함과 총포의 수가 적은 이유 하나 때문에 남의 유린을 받아 역사가 단절됨에 이르렀으니 누가 이를 참으며 누가 이를 잊겠는가. 나라를 잃은 뒤 때때로 근심 띤 구름, 쏟아지는 빗발 속에서도 조상의 통곡을 보고, 한밤중 고요한 새벽에 천지신명의 질책을 듣거니와 이를 능히 참는다면 어찌 다른 무엇을 참지 못할 것인가. 조선의 독립을 감히 침해하지 못할 것이다.

3) 자유주의(자존주의와는 크게 다름)

인생의 목적을 철학으로써 이해하려면 여러 가지 설이 구구하여 일정한 정의를 내리기 어렵다. 그러나 인생 생활의 목적은 참된 자유에 있는 것으로서 자유가 없는 생활에 무슨 취미가 있겠으며 무슨 즐거움이 있겠는가. 자유를 얻기 위해서는 어떤 대가도 아까워할 것이 없으니 곧 생명을 바쳐도 좋을 것이다.

일본은 조선을 합병한 후 압박에 압박을 더하여 말 한마디 발걸음 하나에까지 압박을 가하여 자유의 생기는 터럭만큼도 없게 되었다. 피가 없는 무생물이 아닌 이상에야 어찌 이것을 참고 견디겠는가. 한 사람이 자유를 빼앗겨도 하늘과 땅의 화기가 상처를 입는 법인데 어찌 2천만의 자유를 말살함이 이다지도 심하단 말인가. 조선의 독립을 감히 침해하지 못할 것이다.

4) 세계에 대한 의무

민족자결은 세계평화의 근본적인 해결책이다. 민족자결주의가 성립되지 못하면 아무리 국제연맹을 조직하여 평화를 보장한다고 하더라도 결국에는 수포로 돌아가고 말 것이다. 왜냐하면 민족자결이 이룩되지 않으면 언제라도 싸움이 잇달아 일어나 전쟁이 계속될 것이기 때문이다.

이러한 세계적 책임을 조선 민족이 어떻게 면할 수 있겠는가. 그러므로 조선 민족의 독립자결은 세계의 평화를 위한 것이요, 또한 동양의 평화에 대해서도 중요한 열쇠가 되는 것이다. 일본이 조선을 합병한 것은 조선 자체의 이익을 위함이 아니라 조선 민족을 몰아내고 일본 민족을 이식코자 한 때문이요, 나아가 만주와 몽골을 탐내고 한걸음 더 나아가 중국까지 꿈꾸는 까닭이다. 이 같은 일본의 야심은 누구나 아는 사실이다.

중국을 경영하려면 조선을 버리고는 달리 그 길이 없다. 그러므로 침략 정책상 조선을 유일한 생명선으로 삼는 것이니 조선의 독립은 곧 동양의 평화가 되는 것이다. 조선의 독립을 감히 침해하지 못할 것이다.

4. 조선 총독정책에 대하여

조선을 합방한 후 조선에 대한 일본의 시정방침은 무력압박이라는 넉 자로 충분히 대표된다. 전후의 총독, 즉 테라우치와 하세가와로 말하면 정치적 학식이 없는 한낱 군인에 지나지 않아 조선 총독정치는 한마디로 말해 헌병 정치다. 환언하면 군력 정치요, 총포 정치로써 군인의 특징을 발휘하여 군력 정치를 행함에 유감이 없었다.

그러므로 조선인은 헌병이 쓴 모자의 그림자만 보아도 독사나 맹호를

본 것처럼 피하였으며, 무슨 일이나 총독 정치에 접할 때마다 자연히 5천 년 역사의 조국을 회상하며 2천만 민족의 자유를 기원하며 사람이 안 보이는 곳에서 피와 눈물을 흘렸던 것이다. 이것이 곧 합방 후 10년에 걸친 2천만 조선 민족의 생활이다. 아아, 진실로 일본인이 인간의 마음을 가졌다면 이 같은 일을 행하고도 꿈에서나마 편안할 것인가.

또한 종교와 교육은 인류의 생활에 있어 특별히 중요한 일로서 어느 나라도 종교의 자유를 인정하지 않는 나라가 없거늘 조선에 대해서만은 유독 종교령을 발표하여 신앙의 자유를 구속하고 있다. 교육으로 말하더라도 정신교육이 없음은 말할 것도 없거니와 과학교과서도 크게 보아 일본말 책에 지나지 않는다. 그 밖의 모든 일에 대한 학정은 이루 헤아릴 수도 없고 또 그럴 필요도 느끼지 않는다.

그러나 조선인은 이 같은 학정 아래 노예가 되고 소와 말이 되면서도 10년 동안 조그만 반발도 일으키지 않고 그저 순종할 뿐이다. 이는 주위의 압력으로 반항이 불가능했기 때문이기도 하겠으나 그 보다는 총독 정치를 중요시하여 반항을 일으키려는 생각이 없었기 때문이다. 왜냐하면 총독 정치 이상으로 합병이란 근본 문제가 있었던 까닭이다. 다시 말하면 언제라도 합방을 깨뜨리고 독립자존을 꾀하려는 것이 2천만 민족의 머리에 박힌 불멸의 정신이다. 그러므로 총독정치가 아무리 극악해도 여기에 보복을 가할 이유가 없고 아무리 완전한 정치를 한다 해도 감사의 뜻을 나타낼 까닭이 없어 결국 총독 정치는 지엽적 문제로 취급했던 까닭이다.

5. 조선독립의 자신

이번의 조선독립은 국가를 창설함이 아니라 한 때의 치욕을 겪었던 고유의 독립국이 다시 복구되는 독립이다. 그러므로 독립의 요소 즉 토지, 국민, 정치와 조선 자체에 대해서는 만사가 구비되어 있어 다시 말할 필요가 없겠다. 그리고 각국의 승인에 대해서는 원래 조선과 각국의 국제적 교류는 친선을 유지하기 위하여 서로 좋은 감정을 가지고 있었던 바다. 더욱이 개론에서 말한 것과 같이 지금은 정의, 평화, 민족자결의 시대인즉, 조선독립을 그들이 즐겨 바랄 뿐 아니라 원조조차 아끼지 않을 것이다. 다만 문제는 일본의 승인 여부뿐이다. 그러나 일본도 승인을 꺼리지 않을 줄로 믿는다.

무릇 인류의 사상은 시대에 따라 변천되는 것으로서 사상의 변천에 따라 사실의 변천이 있음은 물론이다. 또한 사람은 실리만을 위하는 것이 아니라 명예도 존중하는 것이다. 침략주의 즉 공리주의 시대에 있어서는 타국을 침략하는 것이 물론 실리를 위하는 길이었지만 평화 즉 도덕주의 시대에는 민족자결을 찬동하여 작고 약한 나라를 원조하는 것이 국위를 선양하는 명예가 되며 동시에 하늘의 혜택을 받는 길이 되는 것이다.

만약 일본이 침략주의를 여전히 계속하여 조선의 독립을 부인하면 이는 동양 또는 세계의 평화를 교란하는 일로서 아마도 미일, 중일 전쟁을 위시하여 세계적인 연합전쟁을 유발하게 될지도 모른다. 그렇게 되면 일본에 가담할 자는 영국 정도가 될지도 의문이니 어찌 실패를 면할 것인가. 제2의 독일이 될 뿐으로 일본의 무력이 독일에 비하여 크게 부족 됨은 일본인 자신도 수긍하리라. 그러므로 지금의 대세를 역행치 못할 것은 명백하지 아니한가.

또한 일본이 조선 민족을 몰아내고 일본 민족을 이식하려는 몽상적인 식민정책도 절대 불가능하다. 중국에 대한 경영도 중국 자체의 반항뿐 아니라 각국에서도 긍정할 까닭이 전혀 없으니 식민정책으로나 조선을 중국경영의 징검다리로 이용하려는 정책은 모두 수포로 돌아갈 것이다. 그러므로 일본은 무엇이 아까워 조선의 독립승인을 거절할 것인가.

일본이 넓은 도량으로 조선의 독립을 승인하고 일본인이 구두선처럼 외는 중일 친선을 진정 발휘하면 동양평화의 맹주를 일본이 아닌 누구에게서 찾겠는가. 그리하면 20세기 초두에 세계적으로 천만년 미래의 평화스러운 행복을 위하여 복음을 전하는 천사국이 서반구의 미국과 동반구의 일본이 있게 되니 이 아니 영예겠는가. 동양인의 얼굴을 빛냄이 과연 얼마나 크겠는가.

또한 일본이 조선의 독립을 앞장서서 승인하면 조선인은 일본에 대하여 가졌던 합방의 원한을 잊고 깊은 감사를 표할 것이다. 뿐만 아니라 조선의 문명이 일본에 미치지 못함이 사실인즉 독립한 후에 문명을 수입하려면 일본을 외면하고는 달리 길이 없을 것이다. 왜냐하면 서양문명을 직수입하는 것도 절대로 불가능한 일은 아니나 길이 멀고 내왕이 불편하며 언어 문자나 경제상 곤란한 일이 많기 때문이다. 일본으로 말하면 부산 해협이 불과 10여 시간의 항로요, 조선인 가운데서 일본말과 글을 깨우친 사람이 많으므로 문명을 일본으로부터 수입하는 일은 지극히 쉬운 일이라 하겠다. 그러면 두 나라의 친선은 실로 아교나 칠같이 긴밀할 것이니 동양 평화를 위해서 얼마나 좋은 복이 되겠는가. 일본인은 결코 세계 대세에 반하여 스스로 손해를 초래할 침략주의를 계속하는 어리석음을 저지르지 않고 동양 평화의 맹주가 되기 위해 우선 조선의 독립을 앞장서서 승인하리라 믿는다.

가령 이번에 일본이 조선의 독립을 부인하고 현상 유지가 된다고 하여도 인심은 물과 같아서 막을수록 흐르는 것이니 조선의 독립은 산 위에서 굴러 내리는 둥근 돌과 같이 목적지에 이르지 않으면 그 기세가 멎지 않을 것이다. 만일 조선독립이 10년 후에 온다면 그동안 일본이 조선에서 얻는 이익이 얼마나 될 것인가. 물질상의 이익은 수지상 많은 여축을 남겨 일본 국고에 기여함이 쉽지 않을 것이다. 기껏해야 조선에 있는 일본인 관리나 기타 월급 생활하는 자의 봉급정도 일 것이니, 그렇다면 그 노력과 자본을 상쇄하면 순이익은 실로 적은 액수에 지나지 않으리라. 또한 조선독립 후 일본인의 식민은 귀국치 않으면 국적을 옮겨 조선인이 되는 수밖에 도리가 없을 것이므로, 그렇다면 10년간에 걸친 적은 액수의 소득을 탐내어 세계평화의 대세를 손상하고 2천만 민족의 고통을 더하게 함이 어찌 국가의 불행이 아니겠는가.

아아, 일본인은 기억하라. 청일전쟁 후의 마관조약과 노일전쟁 후의 포오츠머드 조약 가운데서 조선독립을 보장한 것은 무슨 의협이며, 그 두 조약의 먹물이 마르기도 전에 그 절개를 바꾸고 지조를 꺾어 궤변과 폭력으로 조선의 독립을 유린함은 또 그 무슨 배신인가. 지난 일은 그렇다 하더라도 앞일을 위하여 간언하노라. 지금은 평화의 일념이 가히 세계를 상서롭게 하려는 때이니 일본은 모름지기 노력할 것이로다.

불교의 유신은 파괴로부터

『佛教維新論』 중에서

유신이란 무엇인가, 파괴의 자손이요. 파괴란 무엇인가, 유신의 어머니다. 자식이 없다는 것은 대개 말들을 할 줄 알지만, 파괴 없는 유신이 없다는 점에 이르러서는 아는 사람이 없다. 어찌 비례의 학문에 있어서 추리해 이해함이 이리도 멀지 못한 것일까.

그러나 파괴라고 해서 모두를 무너뜨려 없애 버리는 것을 뜻하지는 않는다. 다만 구습 중에서 시대에 맞지 않는 것을 고쳐서 이를 새로운 방향으로 나아가게 한다는 것뿐이다.

그러므로 이름은 파괴지만 사실은 파괴가 아니라고도 말할 수 있다. 그래서 좀 더 유신을 잘하는 사람은 좀 더 파괴도 잘하게 마련이다. 파괴가 느린 사람은 유신도 느리고, 파괴가 빠른 사람은 유신도 빠르며, 파괴가 적은 사람은 유신도 적고, 파괴가 큰 사람은 유신도 큰 것이니, 유신의 정도는 파괴의 정도와 정비례한다고 할 수 있다. 유신에 있어 가장 먼저 손대야 하는 것은 파괴임이 확실하다.

이제 어떤 사람이 큰 종기를 앓아 여러 의사에게 보여 치료를 한다고 하자. 이때 그 종기가 저절로 터져서 병이 스스로 낫기를 기다릴 뿐 손쓸 바를 모르는 사람은 의사로서의 도리를 모르는 것이니까 논외로 돌리겠다. 그러나 이 정도는 아니라 해도 대강 침구를 가함으로써 겉으로 그 피부만 아물게 하고 근원을 제거하지 않아서 일시적인 효과나 기재하는 것은 의사로서의 용렬한 자이다. 이런 사람이야 어찌 치료에서 손을 뗀 며칠 사이에 미처 제거치 못한 피와 독이 피부 안에서 곪고 들떠서, 병자의 고통이 전보다 더욱 심하고, 죽을 시기가 다가오는 것을 알겠는가.

그러나 명의에 이르러서는 그렇지 않다. 군살을 쪼개고 엉긴 피를 빼어 그 독을 제거하고 그 병근을 뽑은 다음에, 증세에 따라 약을 주어서 점차 완전히 아물게 하여 병자로 하여금 처음부터 종기를 앓지 않은 것처럼 만든다. 저 용렬한 의사가 만약 한 번 살을 베어 피를 빼서 조금도 동정하지 않은 광경을 보았던들 자못 놀라고 괴이히 여겨 생각하기를, 사람을 죽이는 행위여서 희망이 없다고 하지 않겠는가. 그러나 완치된 후에 비교해 본다면 누가 성공하고 누가 실패했는지, 누가 우수하고 누가 못한 지를 지자나 우자나 똑같이 가릴 수 있을 것이다.

무릇 파괴는 살을 베고 피를 빼는 등속이 유신을 꾀함에 있어서 마땅히 파괴를 앞세워야 함이 의사가 살을 베고 피를 빼는 것과 같다. 유신을 말하면서도 파괴를 기피하는 이는 남쪽에 있는 월국에 가려하면서 마차를 북으로 모는 것과 다를 바가 없다. 이런 사람은 능히 유신을 해내지 못할 것이니 승려의 보수파가 유신을 감당할 수 있을지 짐작되고 남는다. 대저 누군가 일이 더욱 오래 유지되면서도 폐단이 안 생기기를 바라지 않겠는가. 그러나 세월이 더욱 깊어지고 보면 어디서 오는지 모르는 폐단이 뜻하지 않은 곳에서 발생하여 급속도로 악화해 전일의 면모가 없어지고 만다. 우리 조선에 불교가 시작된 지도 천5백여 년이나 되었다. 이미 오랜 시일을 거쳐 폐단이 생기고, 폐단이 다시 폐단을 낳아, 지금에 이르러서는 폐단이 그 극치에 달했다. 그런데 앞에서도 말한 바와 같이 폐단이란 실로 파괴해야 할 자료일 뿐인데도 불구하고 파괴해야 할 자료를 지닌 채 피상적인 개량이나 추구한다는 것은 있을 수 없는 일이다. 무릇 불교의 유신에 뜻을 둔 이라면 유신하지 못함을 걱정할 것이 아니라 파괴하지 못함을 걱정해야 할 것이다.

포교

佛教維新論 중에서

서양 말에 '공법公法 천 마디가 대포 일문一門만 못하다' 는 것이 있다. 이것을 철학적으로 부연해 말하면, 진리가 세력만 못하다는 이야기가 된다. 나는 처음 이 말을 들었을 적에 저도 모르게 그 말이 하도 속된지라 스스로 문명한 사람의 말에 낄 수 없다고 생각했었다. 그러나 세상의 풍조가 오늘날같이 경쟁이 심함을 보고 난 뒤에는 비로소 이 말이 속되지 않을 뿐 아니라, 요즘 세상의 문명의 불이법문不二法門으로 삼기에 족함을 알았다.

사물의 존망성쇠를 겪어 동서양 역사 중에 참담한 자취를 남긴 것들은 어찌나 그리도 공법에 의해서가 아니라 대포에 의해 그렇게 되고, 진리에서 나온 것이 아니라 세력에서 나온 일들이었는지를 나는 자주 보았던 것이며, 결코 한 번 본 것이 아니었다. 이같이 서양인의 이 말이 전 세계의 금과옥조가 되고도 남음이 있음을 부정할 길 없다. 이런 것은 굳이 말한다면 야만적 문명이라고나 해야 할 것이니, 적어도 도덕과 종교에 입각해 있는 사람이라면 이를 찬양하지는 않을 것이다. 그렇기는 하나, 오늘 세력이 없어서 경멸받는 조선 승려의 자리에 있는 사람으로서는 미상불 한 번 연구해 볼 필요는 있는 것 같다.

무릇 갑의 세력이 을의 세력을 능가한다고 할 때, 도덕적 견지에서 말한다면 죄는 갑에 있고 을에 있지 않은 것이 된다. 그러나 공례公例에 서서 볼 때는 도리어 죄가 을에 있고 갑에는 없는 것이 된다. 무엇으로 그런 줄을 아는가. 단순한 도덕적 견지에서 보면 천하 만물이 세력 탓으로 서로 뺏고 서로 해쳐선 안 된다는 것은 새삼 판단을 기다릴 것도 없는 일이다. 그러나 우열승패와 약육강식이 또한 자연의 법칙임을 부정할 길이 없다. 우수해지는 까닭, 열등해지는 까닭, 강해지는 까닭, 약해지는 까닭의 이치가 단순치가 않아서 장구한 시일을 두고 열거한대도 다하기 어려운 터나, 뭉뚱그려서 말하면 세력일 따름이라고 할 수 있다. 비유하자면, 갑의 세력은 물 같고 을의 세력은 땅과도 같다. 이제 한 물이 여기에 있고 땅의 고하가 같지 않다고 할 때, 물이 높은 데로 나아가겠는가, 낮은 데로 나아가겠는가. 그것이 낮은 데로 흐를 것은 오 척 동자라도 다 아는 터이다.

같은 땅인데도 물이 높은 데로 흐르지 않고 낮은 데로 흐르는 것은 무슨 때문인가. 물이 높고 땅이 낮은 때문이니 땅이 높지 않다고 하면 누가 능히 물이 낮은 데로 흐르지 않음을 보장하겠는가. 진실로 땅이 낮아서 물이 흐르지 않음을 보장할 수 없다면 스스로 땅을 높이 하여 물이 이로 부터 떠나게 함이 상책일 것이다. 여기에 이르러 갑의 세력은 처음부터 죄가 있느니 없느니 하는 책임이 없고, 을의 세력이 스스로 높고 낮음이 있어서 수난을 겪음을 알게 된다. 세상에서 을에게 죄 있다 하지 않고 갑에게 죄 있다 하는 것은, 스스로 돌아봄에 있어서 밝게 보지 못한 사람이니, 무릇 천하에서 을 노릇을 하는 측에서는 마땅히 이런 견해를 가지고 사태를 바르게 이해함이 좋을 줄 안다. 지금 다른 종교의 대포가 무서운 소리로 땅을 진동하고, 다른 종교의 형세가 도도하여 하늘에 닿았고, 다른 종교의 물이 점점 늘어 이마까지 삼킬 지경이나, 그들이 조선 불교에 무슨 죄가 있다는 것인가.

조선 불교가 유린된 원인은 세력이 부진한 탓이며, 세력의 부진은 가르침이 포교되지 않은 데 원인이 있다. 가르침이란 종교의 의무의 선과 세력의 선이 병진해 가는 원천이다. 다른 외국 종교로서 조선에 들어온 것들은 하나도 끊임없이 포교에 힘쓰지 않음이 없는 실정이니 누구는 종교의 의무가 스스로 이렇지 않다고 하랴. 본래부터 그렇다고 할밖에 없다. 그러나 어찌 그 문제에 대해 의문을 품어서 소위 종교적 의무 외에 따로 경쟁하는 것이 있어서 세력이라 부르는 듯 여기는 견해에 대해 깊이 생각해 보지 않는 것이랴. 한 사람에게 전도하면 한 사람의 세력이 느

것이고, 두 명에게 전도하면 두 명만큼의 세력이 느는 것이 되어 포교가 더욱 성행하면 세력이 더욱 늘고, 세력이 더욱 늘면 사람들이 따르기 쉬워지고 사람들이 따르기 쉬워지면 포교의 정도가 기대 이상으로 진척하게 될 것이다. 처음에는 포교로부터 세력이 이루어지고 나중에는 세력으로부터 포교가 이루어져, 이런 식으로 하여 세월이 흐른다면 그 축적된 결과가 더욱 커질 것이다.

예수교가 동서양을 거의 휩쓴 것도 이 방식을 쓴 까닭일 뿐이다. 조선 불교 중에 소위 설법이라는 것이 약간 포교의 성질을 띠고 있다 할 수 있으나, 그 설법하는 바가 절의 범위를 벗어나지 못하고, 그 취지가 야비하고 잡박하여 하나도 사람을 감동시킬 만한 가치가 없는 형편이다. 그나마 이 밖에는 따로 포교라는 것이 존재치 않는다.

참으로 지금 승려의 총수는 겨우 조선인의 일천 분의 일에 불과하다. 이는 이천 명 중에 승려 되는 자가 겨우 한 사람이라는 소리니 승려가 되는 자는 어떤 사람들인가. 빈천에 시달리지 않으면 미신에 혹한 무리들이어서, 게으른 데다가 어리석고 나약하여 흐트러진 정신을 집중할 줄 몰라서 처음부터 불교의 진상眞相이 무엇인지 깜깜한 형편이다. 이런 사람들이야 인류의 하등이 아니고 무엇인가. 이같이 일천 명 중에서 가장 하등에 속하는 한 사람만을 모아 불교계 전체를 구성하고, 또 신도로 말하면 소수의 여인뿐이며 남자는 아주 드문 터이다. 아, 귀머거리를 아무리 모아 놓아도 한 명의 사광師曠을 이루지 못하고, 못난이를 아무리 모아 놓아도 한 명의 서시西施를 이루지 못할 것이니, 세상 사람들은 다 승려가 적다고 하지만 나는 너무 많음에 골치를 앓는 자이다. 지금 조선 승려 수천은 그 마음도 수천으로 가져 하나도 서로 합심해 이루는 일이 없으니 많은 것이 아니고 무엇인가. 슬프다. 예전에는 불교인들로 하여금 일찍 포교케 했던들 오늘의 승려가 반드시 다 삼천 명 중의 하등에 속하는 자만은 아니었을 것이며, 신도도 반드시 모두가 소수의 여인만은 아니었을 것이다. 지금의 결과를 이해하려 하면 지난날 지은 원인이 바로 지금의 결과요, 미래에 나타날 결과를 알고자 한다면 지금 짓는 원인이 바로 미래에 나타날 결과라 할 수 있다. 우리 이전은 지나간 일이라 물에 흘려보내고 미래는 추구할 만하니 마땅히 좋은 원인을 지어야 할 것이다. 봄날의 땅의 꽃향기는 무정한 것에 속하지만, 가을철 강에 핀 연꽃이 실로 주인이 없는 형편이다. 한 번 그때를 잃으면 사마駟馬로도 쫓아갈 수 없으리니, 불교의 생명을 영속시키는 것이 여기에 있을 것이며 여기에 있을 것이다. 포교의 필요함이 이와 같이 급함을 알아야 한다.

우리가 포교코자 할 때는 반드시 먼저 그 자격을 구비할 필요가 있다. 자격이란 무엇을 말함인가. 첫째는 열성, 둘째는 인내, 셋째는 자애가 그것이니, 이 셋 중에서 하나라도 결여하는 경우에 완전한 포교인 이라고는 말하지 못할 것이다. 다른 종교인의 포교하는 모습을 보지 못했는

가. 날씨의 춥고 더움과 길의 멀고 가까움에 관계없이 다 찾아가서 포교하며, 어느 곳 어느 사람에게라도 다 가르쳐서 한 사람에 실패하면 또 다른 한 사람에게 포교하고, 오늘 되지 않으면 또 내일에 노력을 계속하여 실패할수록 더욱 포교에 힘쓰니, 이것이 열성이 아니고 무엇인가. 또 그들은 포교하는 과정에서 어떤 비방, 어떤 모욕을 받는다고 해도 같이 맞섬이 없으니, 이는 인내가 아니고 무엇인가. 그리고 지혜 있는 사람, 천한 사람, 교만한 사람, 완고한 사람……. 요컨대 아무리 억세어 교화하기 어려운 무리라 해도 다 환영하여 어루만지고 타이르니, 이야말로 자애가 아니고 무엇인가. 이같이 하고도 종교가 퍼지지 않는 법은 없으니, 나는 다른 종교들이 융성하여 오늘이 있음이 우연이 아님을 아는 자이다.

스페인 사람에 마달가기馬達可期라는 사람이 있어서 10년에 처음으로 한 신도를 얻었고, 길림덕吉林德이라는 사람이 있어서 버마에서 전도하기 5년에 처음으로 한 신도를 얻었고, 또 나리림拿利林이라는 사람이 있어서 중국에서 전도하기 7년에 처음으로 한 신도를 얻었다 하니, 아, 위인이라 할 것이며, 탁월하여 범인이 미칠 바가 아님이 확실하다. 만약 조선의 승려로 하여금 외국에서 전도케 한다면, 한 명의 신도도 못 얻고 몇 달이 지나면 실망해 버리고, 다시 몇 달이 지나면 일체를 포기하고 돌아오지 않는 자가 몇이나 되랴. 5년, 7년, 10년이 지나도 초지初志를 바꾸지 않는 사람을 내 어찌 구가하고 몽상하지 않으랴.

교리가 불교의 만분의 일에도 못 미치는 종교도 악착스레 활약하여 그 뜻을 펴고 있는 터에, 현묘광대玄妙廣大하기 불교 같은 종교로서 어깨가 처지고 머리가 움츠러져 기를 펴지 못하고 있으니 누구 탓인가. 오늘의 황량한 모습을 빚은 허물은 예전 사람에게 있고, 후일에 우리 불교가 부흥하는 때가 온다면 그 책임은 지금 사람들에게 있을 것이다.

세력이란 자유를 보호하는 신장이니, 세력이 한 번 꺾이면 자유 또한 상실되어 살아도 죽은 것과 다를 바 없어지게 마련이다. 아, 뒤집힌 보금자리 밑에서는 성한 알을 기대할 수가 없고, 가죽이 남아 있지 않으면 털을 어디 가 구하랴. 불교가 망해도 승려는 홀로 남아 있겠는가. 불교가 쇠미해져도 승려는 홀로 번성할 수 있겠는가. 불교의 흥망은 실로 승려의 흥망을 예고하는 사전 선고인 터이다. 그렇다면 승려가 불교를 일으키고자 하는 것도, 간접적으로는 자기를 이롭게 하는 것이 될 따름이다. 세력으로 나를 이롭게 하는 외에, 한 걸음 나아가 목숨을 던지고도 사양치 않는 것 같은 행동은 오직 중생을 제도코자 하는 까닭이니, 자리이타自利利他가 아울러 포교에 있는 바이다.

포교의 방법은 본래 하나가 아니다. 혹은 연설로 포교하고, 혹은 신문·잡지를 통해 포교하고, 혹은 경을 번역하여 널리 유포시켜 포교하고, 혹은 자선 사업을 일으켜 포교하기도 하여, 백방으로 가르침을 소개해 그 어느 하나가 결여될까 걱정해야 함에도 불구하고, 지금 조선의 불교는 이런 기도가 전무한 형편이다. 모르거니와, 이 밖에 따로 무슨 도리가 있는가. 대답을 듣고 싶다.

여성의 자각이 인류해방요소

동아일보_1927.7.3.자 3면 1단

내가 지금 여성이라는 것은 일반 여성을 가리켜서 하는 말이 아니오, 신여성 즉 상당한 교육을 받은 여성, 또는 여성 해방 운동에 참가한 여성을 가리켜서 하는 말입니다. 그들에게는 무엇보다도 자각이 필요하다고 생각합니다. 이때까지의 여성 활동의 결과를 보면, 신여성들에게 자각이 부족한 것이 사실입니다. 그 중에는 물론 철저한 자각을 가지고 있는 이도 있겠지마는 대체로 보면 그들이 사회를 위하여 활동하게 된 것은 자신의 철저한 자각에서 나온 것이 아니고 남자에게 피동 被動 : 남의 힘에 의해 움직이는 일 된 것 같습니다.

예를 들면 처음에는 적극적으로 여성 해방을 위하여 나서서 활동하여, 따라서 일반의 촉망과 희망도 많았던 신여성이 한 번 가정만 가지게 되면 종래의 이상과 결심은 꿈같이 잊어버리고 완전히 타락하여 다시 그 이름을 들을 수도 없게 되는 일이 많습니다. 또 한 가지 예를 더 들면 한참 동안은 단발 여자가 많더니 요사이는 보기에 드물게 되었습니다. 이것을 보면 그들이 해방 운동을 하고 또는 단발하던 것이 그 자신의 굳은 자각에서 나오지 않은 것이 분명합니다.

여성 운동은 여성 자신의 운동이라야 합니다. 남자에게 피동되는 운동은 무의미하게 되며 또 무력하게 됩니다. 그러나 나는 과거의 조선 여성의 운동이 남성에게 많이 피동되었다 하여 그것을 질책하려 하지 않습니다. 왜 그러냐 하면 여자는 과거 몇 천 년 동안 저열한 지위에서 학대받아 왔으므로, 그들은 질로서나 또는 인간으로서나 비상히 저열하게 되어 있으니 그들이 일조일석에 자각을 가질 수 없는 것은 사회 진화 과정상 어찌 할 수 없는 일입니다.

그러나, 이 진화 과정을 짧게 하지 아니하면 아니 됩니다. 예를 들면 그대로 버려두면 10년 갈 것이라도 우리가 노력하면 3년이라든지 4년 동안에 성공할 수 있도록 그것을 단축시킬 수 있습니다. 다시 말하면, 우리는 조선 여성으로 하여금 진정한 자각을 가지고 그 자신의 해방에 대하여 자립적 정신으로 잘 활동하게 하기 위하여 그 자각을 촉진하여야 합니다. 여성에게 충분한 자각이 있게 되는 날, 조선 여성 운동은 비로소 힘 있게 전개될 것입니다. 그러므로 나는 여성의 자각을 여성 해방 운동의 목적, 더 나아가서는 인류 해방의 목적을 달성하는 원소라고 합니다.

조선청년과 수양

1918.9.1._유심_4~7쪽

「유심」 창간호 표지

조선 청년을 위하여 모謀 하는 자는 다방면으로 관찰하리니, 그 관찰을 따라 각각 정견定見을 세움은 물론이다.

그러나, 조선 청년을 관찰코자 하는 자는 먼저 그 심리를 이해함이 필요하고, 심리를 이해한 후에는 근본적으로 정신 수양을 절규하고자 하노라.

그러나 조선 청년의 현시現時 심리를 정해正解함은 실로 용이한 일이 아니니, 타인이 그 심리를 정해하기 어려울 뿐 아니라 자기도 자기의 심리를 정해하기 어려우리라.

사람은 만능의 신이 아닐 뿐 아니라 생활의 취미는 복잡을 피하고 간결에 취就코자 하는 고로 자기의 취미에 적합한 한둘의 일을 택하여 목적을 정하고 전진함이 가하니, 어떤 사람이라도 일정의 지향志向이 없는 자는 성공도 없고 생취生趣도 없으리라. 가령 도덕가가 되고자 하는 자는 반드시 그 정신과 육체의 주력을 도덕의 방면에 이룸이 가하고, 문학가가 되고자 하는 자는 그 주력을 문학의 방면에 이룸이 가하고, 군사가가 되고자 하는 자는 그 주력을 군사의 방면에 이룸이 가하다.

그러나 자기의 지향을 일정一定한 후에는 그 지향을 절대로 복종하라 함은 아니니, 아무리 전정前定의 지향이 있을지라도 지식의 향상에 의하든지, 경우의 필요에 의하든지 그 지향을 전변轉變하는 일도 있으리라. 그러나 부득이한 자동自動의 향상 변천을 제한 되어 외에 외래의 저력底力이나 혹은 자심自心의 산만으로 인하여 그 뜻을 두 가지에 고수한다고 모두 평균히 동일한 양과良果를 거둠은 아닐지니, 예를 들면 도덕에 종사한다고 모두 석가나 공자 되기 어렵고, 문학에 종사한다고 모두 셰익스피어나 톨스토이 되기 어렵고, 군사에 종사한다고 모두 을지문덕乙支文德이나 한신韓信이 되기 어려울 지니, 이는 선천의 품성과 인위의 사정에 의하여 다소의 차이를 생기게 함인 즉 성공의 여부는 입지立志에 대해서는 별문제가 되리라. 그러므로 성공은 기연機緣에 속하고 입지불천立志不遷은 인격에 속할지니 성공은 우연의 성공도 있으나 인격은 요행의 인격이 없느니라. 인생의 가치는 성공에 있음이 아니고, 인격에 있느니라. 인격의 빛은 일시적 능률의 반사가 아니오. 일관적一貫的 분투의 발염發焰이니라.

그러면 사람은 마땅히 인간 만사의 중에 자기의 취미에 적당한 미사美事를 택하여 이를 연구하고 이를 실행하기 위해서는 어떤 장애도 배제하고 어떤 희생도 불사不辭할지라. 엽자獵者는 조수鳥獸를 잡기 위하여, 봉만峰巒과 간곡磵谷을 가리지 않고 전도분치顚倒奔馳하느니 국외자局外者의 눈으로 보면 그 피로를 대민代悶함과 동시에 그 어리석음을 웃는지도 모르리라. 뉘라서 청산녹수의 중에 천장지비天藏地秘 만인불견萬人不見의 궁묘절기窮妙絶奇한 경색이 이 엽자獵者의 전유물專有物이 되는 줄을 알리요.

이와 같이 사람이 일정한 목적을 달하기 위하여 일체의 장애를 배제하고 만반의 희생을 불사하면 그 주위에는 무론無論 형극荊棘도 있고 사갈蛇蝎도 있을 것이나 그 천인불견天人不見의 이면에는 연하煙霞의 기(氣)를 띠지 아니 하고 영동 산란한 자신自信의 천화天花도 난락亂落하고 물질의 속박을 해탈한 만곡천인萬斛千仞의 정신의 운한雲漢도 도사倒瀉하리라. 이러한 충정독득衷情獨得의 자위自慰는 외계로부터 이르는 곤란의 고동을 상상相償하고도 오히려 여유가 작작하리니 이는 곧 인격의 천국에 이르는 화성山城이니라. 만일 사람이 일정한 입지立志가 없고 일직一道의 실행이 없으면 어떤 가치가 있으리요. 금일에 교육가가 되고자 하고 명일에 실업가가 되고자 하고, 또 명일에 정치가가 되고자 하여 이와 같이 전전부경轉轉不定하면 이는 날마다 심하면 때때로 변절 개종하는 무뢰한이라 무의미한 허영심에서 나오는 망상이니 만사에 대하여 성공成功이 없을 뿐 아니라 자심의 난동하는 번민을 금치 못할지니 어찌 된 불행이냐. 이는 개인의 불행 뿐 아니오, 사회의 불행이니라.

조선 현시 청년의 심리는 어떠한가? 일정한 지향志向을 가져서 백절불요百折不撓 : 어떠한 난관에도 결코 굽히지 않음 의 실행이 있는가? 다반의 장애를 배제하고 만진불퇴萬進不退하는 불퇴의 용기가 있는가? 그렇지 않으면 아침에는 지사의 구두선口頭禪을 말하고 밤에는 비부鄙夫의 위선을 꿈꾸지 않는가? 연석演席에서는 동서고금의 영웅호걸을 완부完膚가 없이 저작詛嚼하다가 귀가歸家의 길에는 편운결월片雲缺月의 물외생애物外生涯를 상기치 않는가. 조선 청년의 심리를 한마디로 폐하여 말하자면 미정이라 할 것이요, 설혹 일정의 뜻을 세운 사람이 있다 할지라도 실행할 만한 용기가 없으리니, 이는 엄호掩護치 못할 사실이라 이는 물질문명에 중상된 까닭이다.

물질문명은 인지 개발의 과도시대에 면할 수 없는 점진적 현상이다. 그러나 물질계 보다 정신계精神界를 귀중히 여기는 고등동물 중에 영장

되는 사람이 어찌 영원히 구구한 물질문명에 자족自足하여 정신계의 생활을 무시하리요. 고로 물질문명은 인생 구경究竟의 문명이 아닌 즉, 다시 일보를 나아가 정신문명에 나아감은 자연의 추세라. 이로 말미암아 보면 물질문명이 사람에 대하여 기분幾分의 해독을 줌을 추상推想하기 어렵지 않도다. 하물며 외지전성外地全盛의 물질문명의 여파가 급조急潮와 같이 수입, 수입이라고 하느니보다 차라리 침입이라고 할 만한 조선의 사람이 어찌 그 해독을 면하기 용이하리요. 현금의 조선인은 문명 창조자도 아니고 계속 발명자도 아닌즉 아직 피문명시대被文明時代라 할 것이니 피문명시대에 있어서 상당한 수양의 실력이 없는 자는 경감부동驚感浮動하여 만복滿腹의 심사心事가 금전장金錢狂이 아니면 곧 영웅열英雄熱이라. 부호가 되던 영웅이 되고자 함은 인류 향상의 욕망이다.

그러나 부호와 영웅은 도연徒然의 산물이 아니라 상당한 노력과 분투를 쌓아야 얻는 것이니 부호는 부호 될 만한 근면이 있고 영웅은 영웅 될 만한 분투가 있음이거늘 다만 타인의 이성已成한 굉공대업宏功大業의 미명에만 유연流涎하여 부호는 되고자 하되 근면을 피하고 영웅은 되고자 하되 분투를 싫어하면 세상에 어찌 타태惰怠의 사람에 일확천금一攫千金의 부가 있을 것이며, 퇴굴退屈의 사람에게 좌수영명坐收榮名의 영웅이 있으리요. 이와 같은 도로徒勞의 금전광과 허위의 영웅열은 다만 불평과 번민을 증가할 뿐이니 무슨 이익이 있으리요. 이는 입지 불고不固의 사람이 한갓 물질문명의 현상에 침취沈醉하여 허영심을 도발하는 때문이다. 고로 어떤 사람이라도 심적 수양이 없으면 사념의 사역자使役者 되기 쉬우며 학문만 있고 수양이 없는 자는 학문의 사역이 되고, 지식만 있고 수양이 없는 자는 지식의 사 역이 되느니라. 아니다, 사역이 될 뿐 아니라 학문과 지식이 많고 수양이 없는 자처럼 불행한 자는 없으리라.

학문과 지식이 많은 사람은 사물에 대한 판별력이 민속한지라, 판별력은 곧 취사取捨를 생하는 고로 욕망도 많고 염오厭惡도 많으니 사회와 사물에 대한 취사取捨·흔염欣厭의 감념感念을 자제自制치 못하면 불평과 번민에 매장될 뿐이니 이러하면 전세계인의 구가謳歌하고 숭배하는 학문과 지식은 다만 인생 만불행의 원소가 될 뿐이 아닌가. 사람은 마땅히 물질적 속박을 해탈하고 망상적 번민을 초월할 만한 심리적 실력을 수양하여 광달曠達한 금도襟度와 활발한 용기로 종횡 진퇴에 유연悠然 자득自得일 것이다.

고로 수양이 있는 사람에게는 지식은 금錦과 같고 학문은 꽃과 같아 세상을 비추는 빛은 능히 사회의 흑암黑闇을 깨뜨릴 것이니 어찌 자기 일인만을 위하여 하賀하리요. 조선 청년의 급무를 논하는 자가 혹은 학문이 급무라, 실업이 급무라, 그 외에도 다종多種의 부를 창唱하리라.

그러나 심리 수양이 무엇보다도 급무라 하여 이를 환기喚起코자 하노라. 천하만사에 아무 표준도 없고 신뢰도 없는 무실행의 공론으로만 이루어지는 것이 있으리요. 실행은 곧 수양의 산아産兒라, 심수深邃한 수양이 있는 자의 앞에는 마魔가 변하여 성자聖者도 되고 고苦가 전轉하여 쾌락도 될지니 물질문명이 어찌 사람을 고통케 하리요. 개인적 소양이 없을 뿐이요. 물질문명이 어찌 사회를 구병救病케 하리요. 사회적 수양이 없을 따름이라, 수양이 있는 자는 어느 정도까지 물질문명을 이용하여 쾌락을 얻으리라. 심리적 수양은 궤도와 같고 물질적 생활은 객차와 같으니라. 개인적 수양은 원천源泉과 같고 사회적 진보는 강호江湖와 같으니라. 최선最先의 기유機杻도 수양에 있고 최후의 승리도 수양에 있으니 조선 청년 전도前道의 광명은 수양에 있느니라.

사회명사의 신년소감 : 소작농민의 각오

1930.1.1._조선농민 제6권 제1호

「조선농민」 창간호 표지

범박汎博하게 농민 운동이라 하면 심히 모호하다. 토지를 가진 지주地主
가 일부분을 머슴을 두고 농사짓는 것도 농민이요, 또 토지 전부를 자기
가 농사짓는 자작농自作農도 농민이요, 남의 토지를 얻어서 농사짓는 소
작농小作農도 농민이다. 그러므로 이들을 총규합하여 어떤 운동을 어떻

게 할 것인가. 강잉強仍히 있다면 이러한 각층 농민을 규합하여 정치 운동 같은 것을 하는 것일 것이다. 그런다면 이것은 그 질이 다른 정치 운동이요, 농민 운동은 아니다. 그러나 나는 여기에 순수한 소작 농민을 중심으로 농민 운동에 대하여 잠깐 말하고자 한다.

1. 소작쟁의小作爭議에 대하여

이 소작쟁의는 연래에 남조선 지방에 여러 번 있었으나 대부분 실패에 돌아갔자. 이 실패한 원인에 대해서는 관권의 압박이 있어 그리 되었느니 어쩌느니 하지마는 실상은 소작인의 단결이 부족하였기 때문이다.

갑과 을이 다 같은 한 지주의 땅을 부치는 데 소작쟁의가 일어났을 때에 갑의 주장ㄱ을 반박하고 을이 지주에게 붙어서 저의 사리를 도모하였다면 일시로는 이익이 있었다 할지라도 긴 장래에는 반드시 공도(共倒)하는 것이다. 이것은 소작쟁의뿐 아니라 무슨 일에든지 이해가 같은 사람이 상반한 행동을 하면 큰 해를 입는다. 이것을 일반 소작 농민은 깊이 각오하여 일치 행동하여야 할 것이다. 같은 배를 탄 사람은 같이 그 배를 같은 방향으로 운전하여야 빠져 죽지 아니할 것이다.

2. 협동조합에 대하여

또 농촌 소작민 경제의 자위책으로 소위 조합을 조직하여야겠다. 근일에 도회지에서도 소비조합 열이 왕성하나 도회지보다 농촌에 더욱 필요하다. 농촌에 소비조합을 설립하고 농구, 비료, 기타 생활상 필요한 일용품을 공동으로 구입하여 쓰면 훨씬 싸게 사 쓸 수가 있을 것이다. 이 외에 문자 보급과 민신 타파에 대해서는 현재도 하고 있는 중이지만 이후에도 더욱 왕성히 할 것이나 농민의 미신이라는 것은 그 뿌리가 심히 강하니 너무 급격히 타파하려다가는 성공도 못하고 도리어 그들의 반감을 격성(激成)시킬 염려가 있으니 서서히 실제 사건을 포착하여 타파에 힘쓸 것이다.

가갸날에 대하여

1926.12.7._동아일보_2374호

나는 신문지를 통하여 가갸날에 대한 기사를 보게 되었는데 그 기사를 보고 무엇이라고 표현하기 어려울 만큼 이상한 인상을 받았습니다. 「가갸」와 「날」이라는 말을 따로 떼어 놓으면 누구든지 흔히 말하고 듣는 것이라 너무도 심상하여 아무 자극을 주지 못합니다. 그러나 그렇게 쉽고 흔한 말을 모아서 「가갸날」이라고 한 이름을 지어 놓은 것이 그리 새롭고 반가워서 이상한 인상을 주게 됩니다. 가갸날에 대한 인상을 구태여 말하자면 오래간만에 문득 만난 임처럼 익숙하면서도 새롭고 기쁘면서도 슬프고자 하여 그 충동은 아름답고 그 감격은 곱습니다. 또 한편으로는 바야흐로 쟁여 놓은 포대처럼 무서운 힘이 있어 보입니다. 이것은 조금도 가감과 장식이 없는 나의 가갸날에 대한 솔직한 인상입니다. 이 인상은 물론 흔히 연상하기 쉬운 민족 관념이니 조국 관념이니 하는 것을 떠나서 또는 무슨 까닭만한 이론을 떠나서 직감적, 거의 무의식적으로 받은 바 인상입니다. 그러나 그렇게 단순한 직감적 인상 그것이 인생의 모든 것인지도 모르겠습니다. 가갸날이라는 이름도 매우 잘 지어진 듯합니다. 물론 가갸날이라고 아니 하고도 얼마든지 달리 이름을 지을 수가 있습니다. 그러나 아무리 지어도 가갸날같이 짧고 쉽고 반갑고 힘 있고 또한 여러 가지로 좋기가 어려우리라고 생각됩니다. 전에도 우리 말을 연구하자느니 우리 글을 많이 쓰자느니 하는 말이 많이 있어서 그러한 말들이 다소의 효과를 내었고 또 앞으로 그러한 일에 대하여 아무리 좋은 말과 아름다운 글을 많이 낸다 하여도 가갸날과 같이 쉽게 알고 길게 잊히지 아니할 수가 없을 듯하외다. 이러한 의미에 있어서 가갸날의 기념을 창업한 이는 우리 무리 중의 큰 일을 한 사람의 하나가 될 것이외다. 가갸날에 대해서는 누구든지 스스로 힘쓸 일이지마는 특히 체인體認하여 말과 글에 맞도록 힘써야 좋을 줄로 압니다. 천애윤락天涯淪落, 바다 언덕의 작은 절에서 스스로 게으름 속에 장사지낸 나로도 「가갸날」의 힘을 입어 먹을 갈고 붓을 드는 큰 용기를 내어 아래와 같이 시를 쓰게 되었사외다.

> 아아 가갸날
> 참되고 어질고 아름다워요.
> 축일祝日.제일祭日
> 데이.시이즌 이 위에
> 가갸날이 났어요, 가갸날.
> 끝없는 바다에 쑥 솟아오르는 해처럼

힘있고 빛나고 뚜렷한 가갸날.

데이보다 읽기 좋고 시이즌보다 알기 쉬워요.

입으로 젖꼭지를 물고 손으로 다른 젖꼭지를 만지는 어여쁜 아기도 일러 줄 수
있어요.

아무것도 배우지 못한 계집 사내도 가르쳐 줄 수 있어요.

가갸로 말을 하고 글을 쓰셔요.

혀끝에서 물결이 솟고 줏 아래에 꽃이 피어요.

그 속엔 우리의 향기로운 목숨이 살아 움직입니다.

그 속엔 낯익은 사람의 실마리가 풀리면서 감겨 있어요.

굳세게 생각하고 아름답게 노래하여요.

검이여 우리는 서슴지 않고 소리쳐 가갸날을 자랑하겠습니다.

검이여 가갸날로 검의 가장 좋은 날을 삼아 주세요.

온 누리의 모든 삶으로 가갸날을 노래하게 하여 주세요.

가갸날, 오오 가갸날이여.

백담사 봉정암 동문회 템플스테이

부록

만해 한용운 연보

만해 한용운 연보

1879년 8월 29일

충청남도 홍성군 결성면 성곡리 491에서 한응준의 둘째 아들로 태어나다. 본관은 청주, 자는 정옥貞玉, 속명은 유천裕天. 어머니는 온양 방씨.

1884년 6세

고향의 사설 서당에서 한문을 배우다.

1887년 9세

『서상기西廂記』를 읽고 『통감』과 『서경』, 『기삼백주箕三百註』를 통달하다.

1892년 14세

고향에서 천안 전씨, 전정숙全貞淑과 결혼하다.

1896년 18세

서당의 사숙이 되어 아이들을 가르치다. 홍성 일대 의병에 참가하다.

1987년 19세

의병실패로 고향을 떠나다.

1899년 21세

강원도 속리산 법주사, 오대산 월정사, 설악산 백담사 등을 전전하다.

1904년 26세

고향 홍성에서 수개월간 머물다 백담사로 되돌아가 출가하다.

12월 21일, 맏아들 보국 태어나다(보국은 북한에서 사망, 다섯 명의 딸을 둔 것으로 알려짐).

1905년 27세

1월 26일, 백담사에서 연곡 스님에게서 득도得度하고 영제 스님으로부터 수계受戒하다. 계명은 봉완, 법명은 용운龍雲, 법호法號는 만해萬海.

1906년 28세

양계초梁啓超의 『음빙실문집』, 서계여의 『영환지략』을 접하고 새로운 세계의 존재에 자극받아 세계여행을 계획하다. 원산에서 배를 타고 해삼위, 즉 블라디보스톡으로 갔으나 일진회 첩자로 오인 받아 고초를 당하다.

1907년 29세

4월 15일, 강원도 건봉사에서 수선안거(최초의 선수업禪受業)를 성취하다.

1908년 30세

4월, 금강산 유점사에서 『화엄경』을 수학하다.

4월, 일본의 시모노세키, 교토, 도쿄, 닛코 등지를 돌며 신문물을 시찰하다. 도쿄 조동종 대학에서 아사다 교수 주선으로 불교와 서양철학 수강하다.

유학 중이던 최린과 사귀고 10월 귀국하다.

12월, 서울에서 경성명진측량강습소를 개설하다.

1909년 31세

7월 30일, 강원도 표훈사 불교 강사에 취임하다.

1910년 32세

9월 20일, 경기도 장단군 화장사 화산강숙 강사에 취임하다. 백담사에서 『조선불교유신론』을 탈고하다. 불교 교육 불교한문독본 편찬.

1911년 33세

1월 15일, 박한영, 진진응, 김종래, 장금봉 등과 순천 송광사, 동래 범어사에서 승려 궐기대회 개최하고, 한일불교동맹 조약 체결을 분쇄하다.
3월 15일, 범어사에서 조선 임제종 종무원을 설치하고 서무부장에 취임하다.
8월, 만주 일대를 주유하며 독립군 정세를 살피던 중 통화현 굴라재에서 일본첩자로 오해받아 총을 맞고 죽을 고비를 넘기다.

1912년 34세

경전을 대중화하기 위해 『불교대전』 편찬을 계획하고, 양산 통도사에서 고려대장경(1,511부 6,802권)을 열람하다

1913년 35세

4월, 불교강구회 총재에 취임하다.
5월, 불교서관에서 『조선불교유신론』을 발행하다.

1914년 36세

4월 30일, 『불교대전』을 범어사에서 발행하다.
8월, 조선불교회 회장에 취임하다.

1915년 37세

영호남 지방 사찰을(내장사·화엄사·해인사·통도사·송광사·범어사·쌍계사·백양사·선암사) 순례하고 강연회 개최하다.

10월, 조선선종 중앙포교당 포교사에 취임하다.

1917년 39세

4월 6일, 『정선강의 채근담』을 신문관에서 발행하다.

12월 3일, 오세암에서 좌선하던 중 바람에 물건이 떨어지는 소리를 듣고 깨달음을 얻어 오도송을 남기다.

1918년 40세

9월, 서울에서 월간 교양 잡지 『유심』을 창간하고, 편집 발행인이 되다. (12월까지 3권 발행 후 중단). 창간호에 논설 「조선 청년과 수양」, 「전로前路를 택하여 나아가라」 등을 발표하다.

10월, 「마魔는 자조물自造物이다」를 발표하다.

12월, 「자아를 해탈하라」, 「천연遷延의 해」, 「훼예毁譽」, 「무용無用의 노심勞心」 등을 「유심」에 발표하다. 중앙학림 강사에 취임하다.

1919년 41세

1월, 최린, 현상윤 등과 조선 독립을 숙의하다. 최남선의 독립선언서 자구를 수정하고 공약 삼장을 추가하다.

3월 1일, 경성 태화관서 33인을 대표하여 독립선언을 연설하고 체포되다. 투옥될 때 변호사, 사식, 보석을 거부할 것을 결의하다.

7월 10일, 서대문 형무소에서 일제 검사의 심문에 대한 답변으로 「조선독립이유서」를 제출하다.

9월, 경성지방법원 제1형사부에서 유죄판결 받다.

10월 30일, 경성복심법원 민족대표 48인 판결. 한용운, 손병희, 최린, 권동진, 오세창, 이종일, 이인환, 함태영 등 8인 최고형인 3년형을 받다.

11월 4일, 상해에서 발행되는 독립신문에 「조선독립에 대한 감상」의 대요라는 제목으로 「조선독립이유서」가 발표되다.

1920년 42세

일제가 3·1 운동 참회서를 내면 사면하겠다고 회유했으나 거부하다.

1921년 43세

3월 15일, 「정선강의 채근담」이 동양서원에서 재판 발간되다.

12월 22일, 경성감옥에서 출옥하다(최린, 함태영, 오세창, 권동진, 이종일, 김창준 등과 함께 경성감옥에서 출옥).

1922년 44세

3월 24일, 불교 사회화를 위한 법보회를 발기하다.

5월, 조선불교 청년회 주최로 「철창철학」을 강연하다.

1923년 45세

2월, 조선물산 장려운동을 적극 지원하다.

4월, 민립대학 설립지원 강연에서 「자조」 주제로 청중을 감동시키다.

1924년 46세

11월 6일, 조선불교 청년회 총재에 취임하다.

1925년 47세

6월 7일, 오세암에서 『십현담주해』를 탈고하다.

8월 29일, 백담사에서 『님의 침묵』을 탈고하다.

1926년 48세

5월 15일, 『십현담주해』를 법보회에서 발행하다.

5월 20일, 『님의 침묵』을 회동서관에서 발행하다.

1927년 49세

1월, 신간회 발기인으로 참여하다.

5월, 신간회 중앙집행위원 겸 경성지회장에 당선되다.

7월, 동아일보에 수필 「여성의 자각」을 발표하다.

8월, 회고담 「죽었다 살아난 이야기」를 발표하다.

1928년 50세

7월 26일, 건봉사 및 건봉사 말사 사적을 편찬·발행하다.

1929년 51세

11월, 광주학생의거를 조병옥, 김병로, 송진우, 이인, 이원혁, 이관용, 서정희 등과 전국적으로 확대시키고 민중대회를 개최하다.

1930년 52세

1월, 잡지 『조선농민』에 논설 「소작 농민의 각오」, 수필 「남모르는 나의 아들」을 『별건곤』에 발표하다.

5월, 김법린, 김상호, 이용조, 최범술 등이 조직한 청년비밀결사 '만당'의 영수에 추대되다.

1931년 53세

5월, 신간회가 해체되다.

6월, 잡지 『불교』를 인수하여 사장으로 취임하고 수많은 논설을 발표하다.

7월, 전주 안심사에 보관 중이던 한글경판 원본을 발견해 조사하다.

7월~9월, 불교에 「만화」를 발표하다.

10월~12월, 「타이의 불교」, 「중국의 혁명과 종교 수난」, 「우주의 인과율」 등을 발표하다.

1932년 54세

1월, 조선일보에 수필 「평생 못 잊을 상처」를 발표하다.

2월, 「불교」에 논설 「선과 인생」을 발표하다

3월, 「불교」에 「세계종교계의 회고」 등을 발표하다. 불교계 대표 인물 투표에서 최고 득점으로 압도적인 지지를 받다. (한용운 422표, 방한암 18표, 박한영 13표)

8월, 「불교」에 「조선불교의 해외 발전을 요망함」을 발표하다.

9월, 「불교」에 「신앙에 대하여」, 「교단의 권위를 확립하라」를 발표하다.

10월, 「불교 청년운동에 대하여」, 「해인사 순례기」 등을 발표하다.

12월, 일제의 사주를 받은 식산은행이 황민화 정책으로 조선의 유명 인사를 매수하기 위하여 선생에게 성북동 일대 국유지를 주겠다고 유혹했으나 거절하다.

1933년 55세

9월, 수필 「시베리아 거쳐 서울로」를 발표하다.

10월, 간호사 유숙원兪淑元과 재혼하다.

10월, 벽산 스님이 집터를 기증하고, 방응모, 박광 등 몇 사람의 성금으로 성북동에 심우장을 짓다.

1934년 56세

9월 1일, 딸 영숙英淑 태어나다.

1935년 57세

3월 8일~13일, 조선일보에 회고담 「북대륙에서의 하룻밤」을 발표하다.

4월 9일, 조선일보에 장편소설 「흑풍」 연재시작. (이듬해 2월4일까지)

1936년 58세

조선중앙일보에 장편소설 「후회」를 연재하다 신문 폐간으로 50회로써 중단하다. 단재 신채호의 묘비를 세우다(글씨 오세창).

7월 16일, 정인보, 안재홍 등과 경성 공평동 태서관에서 다산 정약용의 서세逝世 백년 기념회를 개최하다.

1937년 59세

3월 1일, 재정난으로 휴간되었던 「불교」를 속간, 『신불교』 제1집을 내다.

4월 13일, 광복운동의 선구자 일송 김동삼 선생이 서대문 형무소에서 옥사하자 유해를 심우장에 모시고 5일장을 지내다.

6월, 「신불교」 4집에 「주지선거에 대하여」, 「심우장설」 등을 발표하다.

7월~11월, 「선외선」, 「빙회」, 「정진」, 「계언」 등을 발표하다.

12월, 「조선불교에 대한 과거 1년의 회고와 신년의 전망」을 발표하다.

1938년 60세

2월, 논설 「불교청년 운동을 부활하라」를 발표하다.

3월, 「공산주의적 반종교 이상」을 발표하다.

5월 18일, 조선일보에 장편소설 「박명」을 연재하다(이듬해 3월12일까지).

9월, 「31본산회의를 전망함」을 발표하다.

1939년 61세

8월 26일, 서울 청량사에서 회갑연을 열다. (오세창, 홍명희, 김관호 등 20

여명 참석.)

8월 29일, 경남 사천 다솔사에 김법린, 최범술 등과 기념식수하다.

11월 1일부터 1940년 8월 10일까지 281회(실제로는 272회) 삼국지 〈모종강본〉 조선일보 연재 되었다.

1940년 62세

2월, 논설 「불교의 과거와 미래」를 발표하다.

5월 30일, 수필 「명사십리」를 발표하다. 박광, 이동하 등과 창씨개명 반대 운동을 벌이다.

1942년 64세

신백우, 박광, 최범술 등과 신채호 선생 유고집을 간행하기로 결정하고, 원고를 수집하다.

1943년 65세

조선인 학도병 출정을 반대하다.

1944년 66세

6월 29일(음력 5월9일), 심우장에서 입적하다. 미아리 화장장에서 유해 다비한 후 망우리 공동묘지에 안장하다. 세수66, 법랍 39.

1948년

5월, 만해 한용운 전집 간행위원회 결성. 박광, 최범술, 박영희, 박근섭, 김법린, 김적음, 허영호, 장도환, 김관호, 박윤진, 김용담 등 중심으로 자료를 수집하기 시작하다.

1950년

6·25 전쟁으로 만해 한용운 전집 간행 사업이 중단되다.

1957년

박광이 소장하고 있던 만해의 친필 원고 등을 최범술에게 인계하다.

1958년

7월, 만해 한용운 전집 간행위원회 간행위원으로 조지훈, 문영빈이 새로 참가하여 2차 간행사업을 추진하다.

1962년

3월 1일, 대한민국 건국 공로훈장 대한민국장(훈기번호 제25호)을 받다.

1965년

5월 12일, 망우리 묘지 이장, 묘비 건립을 논의하였으나 실행되지 못하다.

1970년

3월 1일, 「용운당 대선사비」를 탑골공원에 세우다.

1971년

「만해 한용운 전집」을 간행하기 위해 신구문화사가 한용운 전집 간행위원회로부터 원고를 인수하고, 김영호의 적극적인 협조로 누락된 원고를 다수 수집하고 최범술, 민동선, 김관호, 문후근, 이화형, 조위규 등이 3차 간행위원회를 조직하다.

1973년

「한용운 전집」전6권(신구문화사)이 간행되다.

1974년

「창작과 비평사」가 만해 문학상을 제정하다.

1979년

12월 29일, 망우리묘소에 만해사상연구회 주도로 비석과 상석 세우다.

1980년

3월 1일, 망우리 만해 비석 제막식을 거행하다.

6월 29일, 만해사상연구회에서 「만해사상연구」 제1집 간행하다.

1981년

성북동 심우장에 만해 기념관이 개관하다.

1985년

충남 홍성군 남장리에 만해 동상이 세워지다.

1992년

백담사에 만해의 「오도송」을 새긴 시비가 세워지다.

1996년

대한불교청년회 주최로 독립기념관에 「만해어록비」를 건립하다.

1997년

11월, 백담사에 만해 문학 박물관이 건립되다.

2019년

3월 1일, 한양대학교 불교학생회(선지식동문회) 3·1절 100주년 추념 만해 묘소 참배하다.

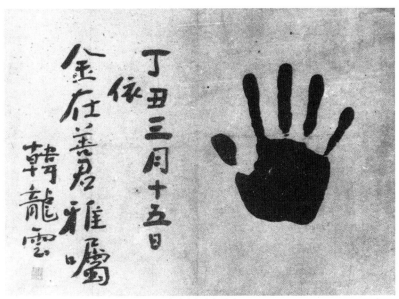

만해의 수인과 친필

만해 사당

만해 스님을 만나는 길

삶은 인연의 연속이다. 좋은 인연을 이어간다는 것은 축복이다. 한양대학교 불교학생회 동문회도 그렇다. 불교를 인연으로 동문이 되었고, 다시 그 인연으로 만해 스님을 만났다. 50년 가까이 불교학생회가 지속될 수 있었던 데는 스님께서 보이지 않는 선지식으로 학생회의 중심에 계셨던 때문이다.

동문회에서는 6년 전 『겨레의 큰 별』이란 제호로 스님의 일대기를 간략히 정리하여 기린 적이 있다. 이를 보완하고 일화를 선별하여 3·1운동 100주년을 기하여 『만해 한용운—고난의 칼날에 서라』란 이름으로 간행하게되었다. 학문적 접근이 아니라, 어떤 정신으로 험난한 시대와 마주하였는가, 곧은 그 정신세계는 어디서 발원하는가 하는 점에 주안점을 두었다. 스님에게는 지극히 자연스러운 일이고 당연한 일이었지만, 우리는 그것을 절의, 애국, 평등의 정신이라 말한다. 스님께서 입적하신 지 오래지만, 그가 추구했던 모든 가치는 아직도 우리의 가슴을 뜨겁게 한다.

이 책의 간행은 이근창 동문의 큰 발심에서 비롯되었다. 동문께서는 대학 졸업 후 스님께서 만년에 기거하시던 성북동 심우장에서 열정적으로 만해정신을 알리는 일을 수년간 해왔다. 스님의 실천적 행동은 그의 시대에만 존재하는 것이 아니라, 우리 시대에도 존재해야 한다는 깨달음이 발심의 근원이 되었다고 생각한다.

선지식이라는 말이 있다. 이 말에는 좋은 벗, 마음을 같이 하여 청정한 수행을 하는 사람이라는 뜻도 있다. 한양대학교 불교학생회의 다른 명칭은 선지식 모임이다. 스님께서도 우리에게 바르게 사는 길을 안내해주시는 선지식이다. 스님은 『님의 침묵』을 간행하면서 '나의 시를 읽는 것이 늦은 봄의 꽃수풀에 앉아서 마른 국화를 비벼서 코에 대는 것과 같을런지 모르겠습니다'라고 한 바 있다. 이 책을 간행하는 우리의 생각도 이와 다르지 않다. 일화와 연대기는 서쌍교 동문께서 집필해주셨고, 전보삼 동문께서 도움을 주셨다. 또한 디자인은 김은경 교수님께서 맡아주셨다. 모든 분들께 감사드리며 좋은 뜻이 아름답게 회향할 수 있기를 발원한다. 이 책을 인연으로 많은 분들이 스님을 만나는 길이 되었으면 하는 바람이다.

불기 2563년(2019). 2.

이 창 경 합장

간행위원

위원장	이근창(72 화공과)
위 원	김병목(81 기계설계과)
	김진병(76 경영과)
	서쌍교(83 정치외교과)
	이병교(75 경제과)
	이창경(74 국문과)

만해 한용운

고난의 칼날에 서라

초 판   1쇄 2019년 3월 1일

편 저   한양대학교 불교학생회 동문회
펴낸이   방득일
펴낸곳   맘에드림
디자인   은디자인

주 소   서울시 도봉구 노해로 379 대성빌딩 902호
전 화   02-2269-0425
팩 스   02-2269-0426
이메일   momdreampub@naver.com

ISBN 979-11-89404-11-6 03220

이 도서의 국립중앙도서관 출판예정도서목록(CIP)은 서지정보유통지원시스템
홈페이지(http://seoji.nl.go.kr)와 가자료종합목록시스템(http://www.nl.go.kr/kolisnet)에서
이용하실 수 있습니다. (CIP제어번호 : CIP2019004344)